Schluss mit
typischen Deutschfehlern

www.humboldt.de

Weitere aktuelle Ratgeber-Taschenbücher im Humboldt Verlag (Auswahl):

Information und Wissen

3-89994-979-X Teste deine Allgemeinbildung: Neue Rechtschreibung und Zeichensetzung
3-89994-019-9 Zeichensetzung – kurz und bündig
3-89994-910-2 Der große Humboldt Ratgeber Internet-Recht
3-89994-051-2 Lebensweisheiten berühmter Popmusiker
3-89994-031-8 Die schönsten Film-Weisheiten
3-89994-018-0 Teste deine Allgemeinbildung: Ach so?! Faszinierende Fakten
3-89994-055-5 Zeiglers wunderbare Welt des Fußballs
3-89994-009-1 Lexikon der Lebensmittel-Etiketten
3-89994-016-4 Taschenlexikon der Modebegriffe
3-89994-069-5 Lebensweisheiten berühmter Philosophen
3-89994-826-2 Teste deine Intelligenz
3-89994-882-3 Das große Testbuch der Allgemeinbildung
3-89994-007-5 Linkshändig? Rat & Information, Tipps & Adressen

Lebenshilfe und Psychologie

3-89994-884-X Verflixt, das darf ich nicht vergessen (Stiftung Warentest: Bestes Buch!)
3-89994-858-0 Gutes Gedächtnis – Das Erfolgsgeheimnis
3-89994-946-3 Handschriften deuten
3-89994-856-4 Rhetorik – Der Weg zum Erfolg
3-89994-928-5 Mind Mapping

Beruf

3-89994-006-7 Der Erfolgsturm – Schritt für Schritt erfolgreich
3-89994-912-9 Stellensuche und Bewerbung im Internet
3-89994-034-2 Bewerbungsbuch für Frauen
3-89994-005-9 Präsentieren und Überzeugen

Freizeit und Hobby

3-89994-010-5 Digitalfotografie – Das große Einsteigerbuch
3-89994-012-1 Digitalfotografie für Fortgeschrittene (mit DVD)
3-89994-017-2 Der große Humboldt Fotolehrgang (www.fotolehrgang.de)
3-89994-014-8 Digitalfotografie von A–Z
3-89994-054-7 Kickern & Tischfußball
3-89994-022-9 Skat – für Aufsteiger (mit vielen Musterspielen)
3-89994-030-X Das große Humboldt Domino-Buch
3-89994-035-0 Das große Humboldt Bridge-Buch
3-89994-042-3 Das Humboldt Kegelbuch

Der Humboldt Verlag im Internet: *www.humboldt.de*

Schluss mit typischen Deutschfehlern

von Christian Stang

humboldt

Der RatgeberVerlag

humboldt-Taschenbuch 733

Der Autor:
Christian Stang befasst sich nebenberuflich seit mehreren Jahren mit der deutschen Sprache. Die Rechtschreibung und die Bemühungen um ihre Neuregelung bilden dabei einen Schwerpunkt seiner sprachbezogenen Tätigkeiten.
Neben zahlreichen Aufsätzen hat Christian Stang eine Reihe von Sprachratgebern verfasst.
Nähere Informationen im Internet unter http://www.christian-stang.de.

Der Autor dankt Herrn Manfred Krecker, Regensburg, für die freundlichen Hinweise zur ersten Auflage dieses Taschenbuchs.

Es sind noch zwei weitere aktuelle Bücher des Autors im Humboldt Verlag erschienen:
Teste deine Allgemeinbildung: Neue Rechtschreibung und Zeichensetzung (ISBN 3-89994-979-X)
Zeichensetzung – kurz und bündig (ISBN 3-89994-019-9)

Hinweis für den Leser:
Alle Angaben wurden von Autor und Verlag auf der Grundlage von »Duden. Die deutsche Rechtschreibung«, Mannheim 2004, sorgfältig überprüft. Eine Gewährleistung kann dennoch nicht übernommen werden.

2., vollständig aktualisierte Auflage 2005

Redaktion: Annegret Weber
Zeichnungen im Innenteil: Astrid Holzamer, Bonn
Druck: Artpress Druckerei GmbH, Gewerbegebiet, A-6600 Höfen
www.artpress.at

Printed in Austria

ISBN 10: 3-89994-064-4
ISBN 13: 978-89994-064-0

www.humboldt.de

Inhalt

An Stelle (anstelle) eines Vorworts – Deutschfehler auf den Punkt gebracht

Mal ganz unter uns gesagt: Wer von Ihnen war schon immer bei der Schreibung oder beim Gebrauch eines Wortes so ***treffsicher****, dass er selten Gefahr lief, bei einigen Schreibweisen* ***den Kürzeren zu ziehen****? Wer hat sich nicht schon* ***mit Hilfe/mithilfe*** *des »Dudens«* ***eines Besseren belehren*** *lassen, um nicht gleich zu Beginn eines Briefes mit seinen Formulierungen* ***im Dunkeln zu tappen****, sondern* ***vielmehr von vornherein ins Schwarze zu treffen****?*
Zwar können Sie sich gegen diese Art von Genauigkeit oder gegen die Rechtschreibung überhaupt ***sträuben****, doch der größte Teil der Gesellschaft wird weiterhin den Regeln der* ***Orthographie/Orthografie*** *folgen,* ***so dass/sodass*** *Ihnen über* ***kurz oder lang*** *wohl* ***nichts anderes übrig bleiben*** *wird, als sich mit den Rechtschreibregeln vertraut zu machen und* ***vor allem*** *die häufigsten Fehler* ***endgültig*** *aus dem Weg zu räumen, um* ***ein für alle Mal*** *den Richtlinien entsprechend schreiben zu können.*

Nein, keine Bange! Dieses Vorwort will Sie keineswegs abschrecken, sondern nur allgemein auf die Schwierigkeiten, die mit der deutschen Sprache unweigerlich verbunden sind, aufmerksam machen. Grund zur Hoffnung besteht allemal: Schließlich wird nichts so heiß gegessen, wie es gekocht wird.
Bevor Sie jedoch ernsthaft auf Fehlerjagd gehen, darf ich Sie noch zu einem kleinen Test einladen, der Ihre Angaben von oben überprüft und den Sie bei Lust und Laune ruhig einmal Ihren Verwandten und Bekannten zumuten können. Doch Vorsicht: Unsere Sprache und unsere Rechtschreibung sind heiße Eisen. Nur allzu leicht könnte man Ihnen die ganze Geschichte übel nehmen. Versuchen Sie deshalb am besten zunächst allein Ihr Glück!

TRIMM-DICH-RUNDE 1 (Lösung siehe Seite 95)

Entscheiden Sie sich in den folgenden Zweifelsfällen für eine – vielleicht sogar für die richtige – der beiden zur Wahl gestellten Schreibweisen, ohne dabei still und heimlich einen Blick in den »Duden« zu werfen. (Das ist wohl leichter gesagt als getan. Doch wer nicht wagt, der nicht gewinnt ...)

Nicht wenigen unter uns ist die deutsche Sprache eine süße Bürde. Der Last werden wir (i/I)nne, wenn wir zum Duden greifen und zum fünfzigsten (m/M)al nachschlagen, wie wir uns in (b/B)ezug auf die Floskel »am Besten« am (b/B)esten verhalten. Zwar können wir mit Scherzbeispielen prunken, etwa mit jenem, dass die KPI-Del(e/i)gierte in Moskau liebe Genossen und folglich auch Liebe genossen habe; geht es aber darum, or(t/th)ographisch ins (s/S)chwarze zu treffen, dann haben wir (t/T)eil an der allgemeinen Ratlosigkeit und der Trauer darüber, dass uns von der in Regeln gefassten Vollkommenheit fürs (e/E)rste noch Welten trennen. Freilich, diese Trübsa(l/hl) ist auch unser Stolz, denn wer auf dieser Erde kann schon eine derart schwierige Sprache vorweisen? Höchstens die Südseeinsulaner oder die Brüder von der finnisch-ugrischen Sektion, doch deren Idiome gehören (g/G)ott/(l/L)ob nicht zu den Vorrückungsfächern der internationalen Bildung.[1]

Na, sind Sie etwa schon ins Schwitzen geraten? Wie heißt es doch so schön: Aller Anfang ist schwer. Nun wird es Zeit, dem Fehlerteufel einen Denkzettel zu verpassen. Es gibt viel zu tun: Packen wir's an!

Wegweiser für die fünf Vokale – aller Anfang ist schwer

Was Atome sind, weiß heute schon fast jeder. Aber kennen Sie die kleinsten Bausteine unserer Sprache? – Nein, es sind nicht die 26 Buchstaben des Alphabets oder Abc, sondern es sind ganz schlicht und ergreifend die *Laute,* die man beim Sprechen ganz von selbst bildet, ohne dass man sich darüber Gedanken macht.

Man unterscheidet folgende zwei Arten:
- die *Vokale (Selbstlaute)* und
- die *Konsonanten (Mitlaute).*

Zunächst müssen Sie sich mit den Vokalen anfreunden, denn sie werden uns nun längere Zeit durch dieses Buch begleiten. Sie können sich im wahrsten Sinne des Wortes an einer Hand abzählen, aus wie vielen Mitgliedern sich diese Gattung zusammensetzt. Hier ihre Namen:

a – e – i – o – u

Wer jetzt gerade angefangen hat, die fünf Stammtischbrüder auswendig aufzusagen, war wohl leider ein wenig voreilig. Für die Vokale gibt es nämlich einen schon etwas angestaubten Merkvers, den ich Ihnen nicht mehr länger vorenthalten möchte:

Alles Erdreich ist Oesterreich untertan.

Halt, halt! Das Wort *Oesterreich* wird doch eigentlich nur von den Ratefüchsen im »Rätseljargon« mit *oe* zu Papier gebracht? Richtig, aber nutzen Sie die Gelegenheit, die »Sonderlinge« der Vokale kennen zu lernen – man bezeichnet sie als *Umlaute,* weil sie aus historischer Sicht umgelautete Vokale sind. Lediglich drei gibt es von ihnen:

ä – ö – ü

Von Zeit zu Zeit kommt es vor, dass sich zwei Vokale sehr gut miteinander verstehen und dann eine dauerhafte Verbindung eingehen wollen. Man nennt sie dann *Doppellaute,* oftmals auch *Zwielaute* oder *Diphthonge.* Fünf Pärchen haben sich bis jetzt gebildet:

au – eu – äu – ei – ai

TRIMM-DICH-RUNDE 2 (Lösung siehe Seite 95)

a) Können Sie sich denken, warum die Vokale auch Selbstlaute und die Konsonanten auch Mitlaute genannt werden?
b) Wissen Sie eigentlich schon, woher der »adelige« Merkvers *Alles Erdreich ist Oesterreich untertan* stammt?

Doppelschreibung des Vokals – wenn der Stammesbruder Nachhilfe gibt

1. STOLPERSTEIN:

Doppelt genäht hält besser – Das Heer im Boot

Sie wissen längst aus eigener Erfahrung, dass die fünf Vokale in unterschiedlicher Länge gesprochen werden. Während beispielsweise der *Aal* lang und gedehnt ausgesprochen wird, klingt das *All* hingegen kurz und bündig.
Der lange, gedehnte Vokal kann in der Schreibung durch verschiedene Möglichkeiten kenntlich gemacht werden.
Eine davon haben Sie gerade kennen gelernt. Genau! Der Vokal *a* im Wort *Aal* wurde einfach verdoppelt. Die erste Regel ist im Anmarsch:

R 1 Bei manchen Wörtern wird der **lange, gedehnte Vokal** durch die **Doppelschreibung des Buchstabens** wiedergegeben.

Beispiele:
Haar, Waage, Aal; Meer, Beet, Heer; Moor, Moos, Boot

Wer bei diesen Beispielen genau hingeschaut hat, wird sich die zweite Regel mit Genuss auf der Zunge zergehen lassen:

R 2 Es werden nur die **Vokale *a*, *e* und *o* verdoppelt.**

Doch nun Schluss mit der Theorie! Jetzt sollen die beiden Regeln in die Praxis umgesetzt werden. Die dritte Trimm-dich-Runde hilft dabei:

TRIMM-DICH-RUNDE 3 (Lösung siehe Seite 96)

Lösen Sie das folgende Rätsel. Achten Sie dabei auf die Doppelschreibung des Vokals.

a) getrocknete Blätter eines asiatischen Strauches
b) Streitmacht eines Staates
c) Raum für Feste und Versammlungen
d) Samen, der zum Säen bestimmt ist
e) Märchenwesen mit Zauberkraft
f) zähflüssiger, stechend riechender Stoff
g) Pflanze mit dreiteiligen Blättern

a)					
b)					
c)					
d)					
e)					
f)					
g)					

2. STOLPERSTEIN:

Vokal spurlos verschwunden – Seele und selig

Der lange, gedehnte Vokal wird leider *nicht* immer mit Hilfe einer Vokalverdoppelung angezeigt. Warum einfach, wenn's auch umständlich geht! In der Überschrift haben Sie längst ein solches Wort gelesen. Trotz der gedehnten Aussprache wird es nur mit *einem* Vokal wiedergegeben.
Bei diesem Beispiel muss ich allerdings zugeben, dass ich Sie etwas aufs Glatteis geführt habe. Das Wort *selig* hat nämlich nicht das Geringste mit dem »Regelwort« *Seele* zu tun. Betrachtet man die Herkunft des Wortes, geht der »Ausreißer« auf althochdeutsch *»sälig«* zurück, was so viel wie »wohlgeartet, gut, glücklich; gesegnet; heilsam« heißt. Vielleicht können Sie sich das Wort durch diese Geschichtsexpedition besser einprägen.
Doch auch die Umlaute machen bei der ersten Regel nicht mit. Sie halten es *nicht* für erforderlich, sich in zweifacher Ausfertigung zu zeigen:

R 3 Die **Länge der Umlaute** wird ***nicht*** durch eine **Verdoppelung des Buchstabens** gekennzeichnet.

Wenn Sie also einmal das Bedürfnis zur Bildung einer Verkleinerungsform (Diminutivform) verspüren, werden Sie bei Wörtern mit verdoppeltem Vokal auf den einfach auftretenden Umlaut in der Verkleinerungsform achten müssen, wie zum Beispiel *Saal – Sälchen.* In der Kürze liegt die Würze.

In manchen Fällen darf man jedoch auch übertreiben, etwa so:

Jetzt mal ehrlich: Habe ich das nicht ***schööön*** *gesagt?*

TRIMM-DICH-RUNDE 4 (Lösung siehe Seite 96)

a) Bilden Sie zu den Wörtern *Haar, Paar* und *Boot* die Verkleinerungsform.
b) Für alle Rechtschreibexperten:
Ergänzen Sie die fehlenden Wörter.

*Wir werden die Vor- und Nachteile ab*_____ *(Waage)*

Der ________ (wer?) *wird die* ________ (was?) ______ *(Saat)*

Rezept für das Dehnungs-h und Verbindungs-h – zu Risiken und Nebenwirkungen fragen Sie Ihren Deutsch- oder Nachhilfelehrer

3. STOLPERSTEIN:
Das Dehnungs-h gibt den Ton an – Demut und Wehmut

Wie Sie anhand des ersten Stolpersteins gesehen haben, wird der lange Vokal oftmals durch einen Stammesbruder unterstützt. Die lange, gedehnte Aussprache kann jedoch auch auf andere Weise kenntlich gemacht werden. Als Erkennungszeichen für den langen Vokal tritt ab und zu ein *h* in den Vordergrund.
Dieses so genannte *Dehnungs-h* hat man den Buchdruckern zu verdanken, die es im 16. und 17. Jahrhundert häufig im Wortstamm vor den Buchstaben *l, m, n* und *r* gesetzt haben, um Wörtern wie *»Mel«, »nemen«, »denen«* und *»mer«* etwas Würde und Anerkennung zu verleihen.

Diese Buchdruckerregel hat die Jahrhunderte überdauert und ist auch heute noch gültig:

> **R 4** Das **Dehnungs-h** steht oftmals vor den Buchstaben ***l, m, n*** und ***r.***

Oder etwas pfiffiger ausgedrückt:
*Vor **l, m, n, r** – das merke ja, steht meistenteils ein Dehnungs-h! Doch merke ja, wenn ohne **h!***

Immerhin: Ein Großteil der Wörter hält sich an die Regel. Beweise? Sehen Sie hierzu die folgenden Beispiele:

Dehnungs-h vor dem Buchstaben *l:*
Kehle, Bohle, Strahl, Mahl, Mehl, Zahl, Kohl - es wird ja *allmählich*

Dehnungs-h vor dem Buchstaben *m:*
Lehm, Ruhm, Rahmen, zahm, lahm, nehmen, angenehm

Dehnungs-h vor dem Buchstaben *n:*
Bahn, Lohn, Fahne, Hohn, Huhn, ahnen, dröhnen, mahnen, sühnen

Dehnungs-h vor dem Buchstaben *r:*
Ohr, Uhr, Mohr, Rohr, Ehre, Bahre, fahren, rühren, belehren – diese Beispiele kann man sogar *entbehren*

Doch leider lautet auch hier die Devise: Keine Regel ohne Ausnahme! Die Regel kennen Sie ja nun – und die Ausnahme ...? Na, Sie wissen schon: die Sache mit dem *nämlich: Wer nämlich mit h schreibt, ist ...* Doch geben wir die Ausnahme besser in veränderter Form wieder, um nicht unhöflich zu sein:

Das Wort *nämlich* wird ***ohne** Dehnungs-h* geschrieben.

4. STOLPERSTEIN:
Wenn das Dehnungs-h überflüssig ist –
Wer die Wahl hat, hat die Qual

Warum kommt das Wort *Qual* eigentlich *ohne* Dehnungs-h aus, obwohl doch der Vokal *a* – wie im Wort *Wahl* – gedehnt ausgesprochen wird? – Die nächste Regel wird das Geheimnis lüften:

> **R 5** Wörter, die ***vor*** dem **langen, gedehnten Vokal** mit einem ***qu*** oder ***sch*** geschrieben werden, erhalten ***kein*** **Dehnungs-h.**

Wie wär's mit einigen Beispielen?
qu: *Qual, Querulant, Qualität, quer, quaken*
sch: *Schal, Schule, Schere, Schnur, schonen, schmal*

TRIMM-DICH-RUNDE 5 (Lösung siehe Seite 97)

Lösen Sie das folgende Rätsel. Beachten Sie, dass die Wörter *ohne* Dehnungs-h geschrieben werden.

a) äußere Schicht, die eine Frucht umgibt
b) Lehranstalt
c) Schutzhülle gegen schnelle Abnutzung von Geräten *oder* mehrmastiges Segelschiff
d) Werkzeug zum Schneiden
e) Denkplan, Konzept
f) zusammengeflochtene Fäden
g) von sechs Rechtecken begrenzter Körper
h) angenehm
i) Rechteck mit vier gleich langen Seiten
j) von einer Seite zur anderen

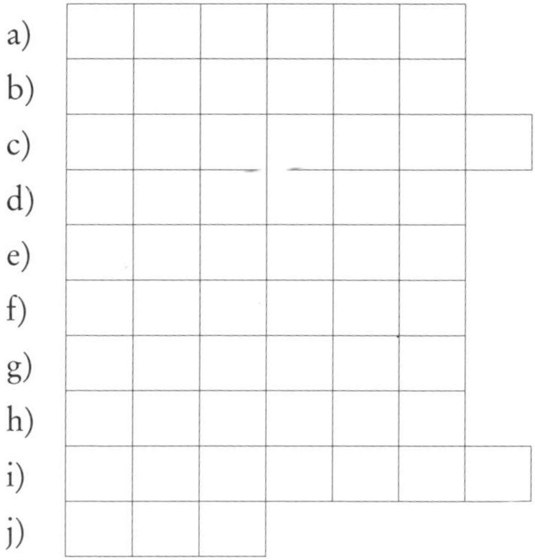

5. STOLPERSTEIN:

Klein, aber oho – Trübsal mit dem Schicksal

Besondere Beachtung verdienen die kleinen, unscheinbaren Nachsilben *-sal, -sam, -bar* und *-tum,* die – wie die Überschrift an zwei Beispielen zeigt – *ohne* Dehnungs-h zurechtkommen:

> **R 6** Die Nachsilben ***-sal, -sam, -bar*** und ***-tum*** werden *ohne* **Dehnungs-h** geschrieben.

Auch hierzu ein paar Beispiele:

-sal: *Schick**sal**, Trüb**sal**, Scheu**sal***
-sam: *müh**sam**, spar**sam**, gemein**sam**, rat**sam**, streb**sam***
-bar: *ess**bar**, hör**bar**, trenn**bar**, les**bar**, brauch**bar***
-tum: *Reich**tum**, Irr**tum**, Helden**tum**, Bürger**tum***

So viel zum Dehnungs-h. Dass es im Übrigen auch die Wortbedeutung bestimmt, muss ich wahrscheinlich gar nicht erst erwähnen. Wer's noch nicht kennen sollte:

Der Maler ***malt****, der Müller* ***mahlt*** *– beide* ***ma(h)len.***

6. STOLPERSTEIN: Stippvisite beim Verbindungs-h – verzeihen und schneien

Bevor dieser Stolperstein etwas genauer unter die Lupe genommen wird, muss man sich zuerst über die Begriffe einigen. Ich habe Ihnen bereits etwas Arbeit abgenommen und die Entscheidung ohne Ihre Hilfe gefällt.

Das *h*, mit dem Sie sich nun anfreunden werden, soll hier unter der Bezeichnung Verbindungs-h auf Sie losgelassen werden. Andere Fachausdrücke für diese eigenartige Erscheinung sind *silbentrennendes h, stammschließendes h, Trennungs-h* und *Hauch-h.* Dies nur für den Fall, dass Sie einmal einen anderen Begriff gehört, gelesen oder gar gelernt haben sollten.
Was hat es mit diesem *h* auf sich? Es kennzeichnet nicht nur die Dehnung, wie Sie bei den vorangegangenen Stolpersteinen erfahren haben, sondern schmuggelt sich auch zwischen die Nahtstellen der Wörter:

sehen, fliehen, gehen

Die Gewieften unter Ihnen haben durch diese drei Beispiele schon mitbekommen, wann das Verbindungs-h aktiv wird. Doch auch die anderen werden es gleich erfahren:

> **R 7** Das **Verbindungs-h** steht meistens **zwischen zwei Vokalen.**

Doch wie sieht die Sache in Verbindung mit einem Doppellaut aus? – Auch zwischen Doppellaut und Vokal steht ab und zu ein Verbindungs-h.
Eine feststehende Regel gibt es hier leider nicht. Man schreibt zwar *verz**eih**en* und ***leih**en,* aber auch *schn**ei**en* und *schr**ei**en.*

Sie können sich jedoch merken, wenn kein Verbindungs-h im Einsatz ist. Das kann ja vielleicht auch mal weiterhelfen:

> **R 8** Zwischen ***eu*** und ***e*** sowie zwischen ***au*** und ***e*** steht *kein* **Verbindungs-h.**

Beispiele:
eu und ***e:*** *Feuer, streuen, reuen, scheuen*
au und ***e:*** *Mauer, trauen, kauen, schauen*

Das Verbindungs-h steht in solchen Wörtern normalerweise auch bei allen gebeugten Formen und Ableitungen.
Doch Ausnahmen bestätigen die Regel: *Blüte, Glut, Zug* und *zog* werden trotz ihres Stammwortes *ohne* Verbindungs-h geschrieben. Eine Besonderheit stellt auch das Wort *bejahen* dar, das trotz seines Stammwortes *ja* mit *h* geschrieben wird.

TRIMM-DICH-RUNDE 6 (Lösung siehe Seite 97)

Entscheiden Sie über die Schreibung mit oder ohne *h*, und setzen Sie die fehlenden Buchstaben ein:

zie-mlich, Salzso-le, Ma-nung, Na-me, Ku-r, allmä-lich, langsa-m, wä-rend, Schuhso-le, Denkma-l, U-rsprung, Wa-lfisch, Ga-be, Pla-n, U-r, Po-l, fa-l, ro-, Na-rung, Schwa-n, sittsa-m, Ho-n, He-fe, beque-m, spü-len, beza-len, Za-l

Das lange i holt sich Verstärkung – Ausnahmen bestätigen die Regel

7. STOLPERSTEIN:

Der Nachzügler gibt ein Gastspiel – Wer wird wohl d<u>ie</u>ses Sp<u>ie</u>l verl<u>ie</u>ren?

Bislang sind Ihnen zwei Möglichkeiten bekannt, den langen, gedehnten Vokal in der Schreibung wiederzugeben. Richtig, die Kennzeichnung kann einerseits durch die Verdoppelung des Vokals und andererseits durch den Gebrauch des Dehnungs-h erfolgen. Im nächsten Schritt werden Sie eine weitere Möglichkeit der Kenntlichmachung kennen lernen. Schließlich sind aller guten Dinge drei.

Die meisten werden sich bestimmt noch daran erinnern, dass nur die Vokale *a*, *e* und *o* zur Längenkennzeichnung verdoppelt werden dürfen. Doch natürlich hat auch der Vokal *i* das

Recht, seine gedehnte Aussprache in aller Öffentlichkeit durch seine Schreibweise preiszugeben.
Hier zögert das *lange i* nicht lange und nimmt sich ganz einfach das so genannte *Dehnungs-e* oder *Längen-e* zur Hilfe. So entsteht das jedermann bekannte *ie*, das nicht wenigen Probleme bereitet.

Kurz und gut:

R 9 Das **lange i** wird in der Schreibung oftmals durch ***ie*** wiedergegeben.

Beispiele:
Fieber, Dieb, Stier, Biene, Ziel, Niere, Knie, Lied, Riegel, Zwiebel, Liebe, Tier, Diener, Riemen, Schiene, Dienst, Siegel, viel, vielleicht, fließen, riechen

8. STOLPERSTEIN:

Wenn das e dem langen i nicht reicht – Du s<u>ieh</u>st ja, was dann gesch<u>ieh</u>t

In der Überschrift stehen zwei Wörter, die neben dem langen *i* auch noch ein *h* in ihre Obhut genommen haben. Bei diesen Wörtern ist besondere Vorsicht geboten, da hier durch einen Pakt zwischen dem *ie* und dem *h* neben der letzten Regel noch zwei weitere Richtlinien zum Zuge kommen, die Sie bereits kennen gelernt haben.

Doch nun des Rätsels Lösung:
Das Verbindungs-h in den beiden Wörtern kommt von seinem Stammwort, das ebenfalls mit *h* geschrieben wird:

siehst kommt von *sehen*
geschieht kommt von *geschehen*

R 10 Das **lange i** wird bei Wörtern, in denen das **Dehnungs-h** oder **Verbindungs-h** zum **Stamm gehört,** durch ***ieh*** wiedergegeben.

Einige weitere Beispiele:

*st**ieh**lst*	kommt von	*ste**h**len*
*bef**ieh**lst*	kommt von	*befe**h**len*
*empf**ieh**lst*	kommt von	*empfe**h**len*

So einfach kann das sein!

9. STOLPERSTEIN:

Das lange i im Alleingang –

Das Automobil braucht einige Liter Benzin

Wie Sie an unserem Beispielsatz leicht sehen können, ist das lange i von Zeit zu Zeit nicht auf die Unterstützung des Dehnungs-e angewiesen. Das lange i hat sich emanzipiert und besteht darauf, ganz einsam und verlassen als *einfaches i* die Leser zu verunsichern. Was soll man dazu sagen?

Zu den einheimischen Wörtern mit einfachem i gehören in erster Linie die »Dauerbrenner« *dir, mir, wir* und *gibt.* Merken Sie sich bitte hier gleich die unterschiedliche Schreibweise der Wörter *ergibt* und *ergiebig.*
Während das einfache *i* in deutschen Wörtern eher die Ausnahme bildet, gilt für Fremdwörter genau das Gegenteil: Hier ist es durchaus an der Tagesordnung, dass das lange *i* als einfaches *i* unter die Leute gelassen wird:

R 11 Das **lange i** wird in den meisten Fremdwörtern als **einfaches i** geschrieben.

Wem die Beispiele in der Überschrift noch nicht reichen, der kann sich mit den folgenden noch etwas eingehender beschäftigen:

Krise, Vitamin, Termin, Krokodil, Tarif, Kamin, Spirale, Profil, Tiger, Markise, Terpentin, Pyramide, Musik, Physik, Exil, Ventil

Besondere Beachtung finden die Fremdwörter mit der Endung *-ine,* die ebenfalls *ohne* Dehnungs-e in der Schreibung wiedergegeben werden, obwohl doch das *ie* in diesen Fällen *so* verlockend und einladend wirkt.

Beispiele:
Maschine, Rosine, Kantine, Praline, Turbine, Apfelsine, Margarine, Saline, Gelatine, Lawine, Violine

TRIMM-DICH-RUNDE 7 (Lösung siehe Seite 97f.)

Setzen Sie in den folgenden Wörtern die fehlenden Buchstaben ein:

Kam-n, L-be, R-se, T-ger, st-lt, W-se, G-bel, bl-b, schw-r-g, verz-h, verr-t, Fam-l-, Kan-nchen, Pr-se, Souven-r, B-bel, F-bel, Rad-schen, Mitgl-d, z-mlich, Masch-ne, L-n-, F-ber, alarm-ren, t-f, bl-ben, H-lfe, m-ssglückt, f-nden, D-b

10. STOLPERSTEIN:
Fremdwörter sind Glückssache –
diktieren und korrigieren

Doch es gibt auch eine ganze Reihe von Fremdwörtern, die trotzdem mit *ie* geschrieben werden. Viele folgen der nächsten Regel:

> **R 12** In Fremdwörtern werden die betonten **Nachsilben** ***-ie*, *-ier*** und ***-ieren*** mit ***ie*** geschrieben.

Auch hier einige Beispiele:

*Droger**ie**, Garant**ie**, Turn**ie**r, Scharn**ie**r, interess**ie**ren, train**ie**-ren, charakteris**ie**ren, gratul**ie**ren, inform**ie**ren, funktion**ie**ren, stud**ie**ren, dikt**ie**ren, lack**ie**ren, rad**ie**ren*

TRIMM-DICH-RUNDE 8 (Lösung siehe Seite 98)

Bilden Sie zu folgenden Substantiven die Verben:

Beispiel: *Kritik → kritis**ie**ren*

Transport, Adresse, Illustration, Addition, Import, Diskussion, Kontrolle, Kopie, Programm, Telefon, System, Korrektur, Apostroph, Problem

11. STOLPERSTEIN:
Einmal mit und einmal ohne e –
schon wieder ein Widerspruch

Die beiden Schreibweisen *widersprechen* sich wirklich: Einmal wird das Wort mit *ie,* ein andermal ohne *ie* geschrieben. Wer soll sich denn da noch auskennen? Hier muss eine Regel behilflich sein:

R 13 *wieder* bedeutet **»noch einmal, erneut«.**

Beispiele:

*Ich komme **wieder.** Der **Wiederaufbau** beginnt. »Recycling« heißt »**Wiederverwertung**«.*

R 14 *wider* bedeutet **»gegen, entgegen«.**

Beispiele:

*Er wird uns **widersprechen.** Die Sache ist **widerlegbar.** Das wird **widerrufen.***

Wiederholung nötig? Die Trimm-dich-Runde wartet schon:

TRIMM-DICH-RUNDE 9 (Lösung siehe Seite 98)

Setzen Sie in den folgenden Wörtern an den fehlenden Stellen *i* und *ie* ein:
w-dererkennen, w-dersehen, W-derstand, erw-dern, w-derlich, w-derbekommen, w-derspiegeln, unw-derruflich, unw-der-bringlich, hin und w-der, W-dervereinigung, w-dersinnig, w-deraufnehmen, W-dergabe

Merken Sie sich noch folgende Wörter, die ebenfalls von Zeit zu Zeit mit ihrem Dehnungs-e *nicht* einverstanden sind:

Lied (Wanderlied) – *Lid (Augenlid)*
Miene (Gesichtsausdruck) – *Mine* (Bergwerk; *Kugelschreibermine)*
Stiel (Griff, Stängel) – *Stil* (Ausdrucksweise)

Umlaute und Doppellaute – der Einheitlichkeit zuliebe

12. STOLPERSTEIN:

Ein Vokal im Tiefschlaf – **Hand und behände**

Eigentlich hat man sich die Entscheidung zwischen den beiden Buchstaben *e* und *ä* äußerst einfach gemacht. Vielleicht ist Ihnen aus Ihrer Schulzeit noch die folgende Regel bekannt:

> **R 15** Wörter mit *ä* lassen sich meistens von einem **Stammwort** mit ***a*** ableiten.

Beispiele:
Bälle kommt von *Ball*
Fälle kommt von *Fall*
Stärke kommt von *stark*
Gäste kommt von *Gast*

Die Gültigkeit dieser Regel wurde durch die Einführung der neuen Rechtschreibung sogar noch verbessert. Ein Blick in die Überschrift zeigt, dass man *behände* nun auch mit *ä* schreibt. Dasselbe gilt für *Bändel* und *überschwänglich.* Wenn das keine positive Nachricht ist …

TRIMM-DICH-RUNDE 10 (Lösung siehe Seite 99)

Kennen Sie den Bedeutungsunterschied zwischen den Wörtern *Lerche* und *Lärche?*

13. STOLPERSTEIN:
Zwei Pünktchen fallen nicht weit vom Stamm –
Wir sträuben uns gegen diesen Gräuel

Auch bei den Doppellauten *eu* und *äu* lässt uns die Aussprache ganz schön im Stich. Die Suche nach dem Stammwort wird fortgesetzt:

R 16 Wörter mit ***äu*** lassen sich meistens von einem **Stammwort** mit ***au*** ableiten.

Leichter wird es mit einem flotten Merksatz auf den Lippen:
*Schreibe **eu** dann und wann, wenn man **au** nicht sagen kann.*

Nun noch ein paar Beispiele:

säubern	kommt von	*sauber*
Bäume	kommt von	*Baum*
Häute	kommt von	*Haut*
Träume	kommt von	*Traum*

Das klingt ja ganz plausibel, aber auch hier gibt es einige Ausnahmen:

Die folgenden vier Wörter werden mit *äu* geschrieben, obwohl sich kein Stammwort (mehr) mit *au* finden lässt:

räuspern, sträuben, Knäuel, Säule

TRIMM-DICH-RUNDE 11 (Lösung siehe Seite 99)

Der Leutnant von Leuthen befahl seinen Leuten, nicht eher zu läuten, bis der Leutnant von Leuthen seinen Leuten das Läuten befahl.

Schnee von gestern? Na, dann wird es ja für Sie kein Problem sein, die Schreibweisen der Wörter mit *eu* und *äu* zu erklären.

14. STOLPERSTEIN:
Wenn der »Duden« mal nicht zur Stelle ist –
Weidmann oder Waidmann?

Um Sie nicht zu lange grübeln zu lassen: Der Stolperstein in der Überschrift kann sowohl mit *ei* als auch mit *ai* geschrieben werden. Die Schreibweise *Weidmann* ist in der Standardsprache verbreitet, während der *ai*-Gebrauch in der Fachsprache des Jägers bevorzugt wird.

Lässt sich die Verwendung von *ei* oder *ai* überhaupt in eine Regel fassen? Leider nein. Aber Sie wissen längst aus eigener Erfahrung, dass es nur eine begrenzte Anzahl von Wörtern mit dem Doppellaut *ai* gibt. Es hilft nichts, Sie müssen diese Wörter leider auswendig lernen:

Bai	*Laib*	*Mais*
Hai	*Laich*	*Rain*
Hain	*Laie*	*Saite*
Kai	*Mai*	*Taifun*
Kaiser	*Maid*	*Waise*

In der Schreckenskammer der deutschen Rechtschreibung befinden sich noch folgende Wörter mit *ei* und *ai*, die trotz ihrer gleichen Aussprache Bedeutungsunterschiede aufweisen:

Leib (Körper) – *Laib (Brotlaib)*

Weise (kluger Mensch; Art; *Singweise*) – *Waise* (elternloses Kind; einzelne reimlose Gedichtzeile)

Seite (Buchseite) – *Saite* (Faden [aus Darm, Metall, Kunststoff] zur Bespannung von Musikinstrumenten)

Leitfaden für die Konsonanten – ein Blick in die Trickkiste einer Großfamilie

Nachdem Ihnen die Vokale nun lang genug das Leben schwer gemacht haben, ist es an der Zeit, die Konsonanten etwas näher ins Auge zu fassen.
Die Großfamilie der Konsonanten besteht aus 21 Brüdern und Schwestern, wenn man der Einfachheit halber den Buchstaben *y* grundsätzlich als Konsonanten betrachtet. Doch nun die Namen der Familienmitglieder:

b – c – d – f – g – h – j – k – l – m – n – p – q – r –
s – t – v – w – x – y – z

Doch warum eigentlich die Unterscheidung zwischen Brüdern und Schwestern? Ja, es gibt zwei Arten von Konsonanten:
– die *weichen (stimmhaften) Konsonanten* und
– die *harten (scharfen, stimmlosen) Konsonanten.*

Dieser Unterschied tritt vor allem bei den folgenden drei Konsonantenpaaren deutlich hervor:
– weiche (stimmhafte) Konsonanten: *b – d – g*
– harte (scharfe, stimmlose) Konsonanten: *p – t – k*

An dieser Stelle gleich vorweg eine Faustregel für die richtige Schreibung der Konsonanten. Spitzen Sie Ihre Ohren:

Richtig und deutlich sprechen!

Alles klar? Gut, dann kann's ja losgehen.

Doppelschreibung des Konsonanten – Nachwuchs in der Großfamilie

15. STOLPERSTEIN:

Das doppelte Lottchen – die Lappen im Keller

Bestimmt werden Sie sich noch daran erinnern, dass der *lange, gedehnte Vokal* in der Schreibung durch die Verdoppelung des Buchstabens wiedergegeben wird.
Wenn der Vokal hingegen *kurz* und *betont* ausgesprochen wird, muss der nachfolgende Konsonant in den sauren Apfel beißen und sich in zweifacher Ausfertigung zeigen. Diese Erkenntnis sollte Ihnen eine Regel wert sein:

R 17 Der **kurze, betonte Vokal** wird häufig durch die **Doppelschreibung des nachfolgenden Konsonanten** wiedergegeben.

Beispiele:

Robbe, Pudding, Schaffner, Flagge, Halle, Hemmnis, Narr

Dieser verdoppelte Konsonant bleibt natürlich in allen Zusammensetzungen und Ableitungen erhalten.

Beispiele:

Schaffner (von *schaffen*), *Hemmnis* (von *hemmen*)

TRIMM-DICH-RUNDE 12 (Lösung siehe Seite 99)

In diesem Rätsel stecken dreizehn Wörter, die ihren Konsonanten verdoppelt haben. Wer findet sie?

S	G	R	U	P	P	E	P	K	Z
C	X	B	R	O	B	B	E	R	K
H	P	F	E	F	F	E	R	A	O
R	Z	F	A	L	L	E	N	L	M
I	C	W	A	L	L	I	G	H	M
T	I	E	R	A	B	E	T	T	E
T	E	H	E	M	M	E	N	D	N
F	R	O	T	M	A	N	N	H	J

Der nächste Stolperstein wartet schon: Das geht ja *Knall auf Fall!*

16. STOLPERSTEIN:

Keine Zwillinge in Aussicht – den Stift wenden

Doch es gibt auch einige Wörter, die ihren Konsonanten trotz ihres kurzen, betonten Vokals *nicht* verdoppelt haben. Viele davon sind Anhänger der nächsten Regel:

R 18 Wenn auf den **kurzen, betonten Vokal mehrere verschiedenartige Konsonanten folgen,** wird der **nachfolgende** Konsonant ***nicht* verdoppelt.**

Auch hier wieder einige Beispiele:

Falte, Hand, Heft, Hals, melden, wirken

Und auch die meisten einsilbigen Wörter verzichten auf ihre Verdoppelung:

> **R 19** Bei den meisten **einsilbigen** Wörtern wird der **Konsonant *nicht* verdoppelt.**

Kurz und bündig:
ab, an, am, im, in, um, von, vom, weg, man, hat

Die folgenden Wörter sollten Sie sich noch genau ansehen:
Brombeeren, Himbeeren, Gesamtheit, sämtliche, gesamt, Walnuss, Sprit

k oder ck? z oder tz? – Keine Regel ohne Ausnahme

17. STOLPERSTEIN:

ck nach kurzem Vokal – Paket und Päckchen

Dem Konsonanten *k* erscheint es in der Regel nicht schicklich, sich in zweifacher Ausfertigung zu zeigen. Er nimmt einen anderen Buchstaben in seine Obhut, um den kurzen Vokal anzudeuten. Daher die Regel:

> **R 20** Nach **kurzem Vokal** schreibt man *ck.*

Beispiele:
Brocken, Ecke, Flecken, backen, necken, meckern

Beachten Sie bitte den Unterschied zwischen *spucken* (kurzer Vokal) und *spuken* (langer Vokal).

18. STOLPERSTEIN:

tz nach kurzem Vokal – Das Schnitzel brutzelt

Auch das *z* ist mit einer einfachen Verdoppelung nicht einverstanden. Es holt sich das *t* zur Hilfe, um die Vokalkürze deutlich zu machen.

TRIMM-DICH-RUNDE 13 (Lösung siehe Seite 99)

R 21

Nein, die Regel wurde nicht vergessen. Sie liegt aber so klar auf der Hand, dass Sie sie selbst formulieren können. *Spicken* ist erlaubt!

19. STOLPERSTEIN:

Kein tz nach Doppellauten – der Geiz mit der Heizung

Die nächste Regel hat sich bereits in die Überschrift eingeschlichen. Doch doppelt genäht hält besser:

R 22 Nach **Doppellauten** steht ***niemals tz.***

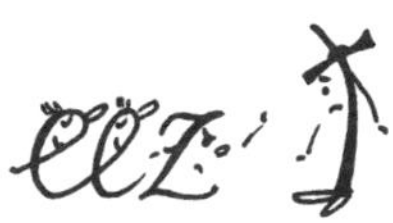

Oder etwas *spritziger:*
Nimm die Regel mit ins Bett: Nach Doppellauten nie tz!
Beispiele:
Schnauze, Kreuz, Kauz, spreizen, beizen

20. STOLPERSTEIN:

Kein ck und tz nach Konsonanten – Er ist kran<u>k</u> und hat Schmer<u>z</u>en

Ja, auch hier verrät die Überschrift schon wieder alles. Also noch einmal zur Wiederholung:

> **R 23** Nach **Konsonanten** steht ***niemals ck*** und ***tz.***

Und weil vor *k* und *z* nur die Konsonanten *l, m, n* und *r* vorkommen, habe ich auch nichts dagegen, wenn Sie sich an Ihre gute alte Schulzeit erinnern und den Merkvers über *ck* und *tz* auffrischen:

*Nach **l, m, n, r,** das merke ja,*
*steht nie **tz** und nie **ck!***

Beispiele:
Pelz, stolz; Kranz, ganz; Gewürz, Herz
Balken, Falke; Imker; Blinker, krank; Harke, merken

21. STOLPERSTEIN:

Fremdwörter haben ihren eigenen Kopf – Der Dire<u>k</u>tor liebt seine Ka<u>k</u>aofabri<u>k</u>

Wie dieser Beispielsatz bereits zeigt, trauen sich die Fremdwörter mit dem *ck* nicht unter die Leute.

Prägen Sie sich daher diese Regel ein:

> **R 24** In **Fremdwörtern** steht ***niemals ck.***

Beispiele:
Musik, Sekt, Rektor, Tabak, Republik, Artikel, Doktor, Direktor

Das *k* vergisst bei Fremdwörtern sogar seine Schicklichkeit (siehe Seite 40) und verhält sich wie das z. Folgende Fremdwörter mit *kk* und zz sollten Sie sich merken:

Sakko, Mokka, Makkaroni; Pizza, Skizze, Intermezzo, Razzia, Revoluzzer

Alles klar? Dann kommt jetzt die »Bescherung«:

TRIMM-DICH-RUNDE 14 (Lösung siehe Seite 100)

Setzen Sie in den folgenden Wörtern an den fehlenden Stellen *k* oder *ck*, *t* oder *tz* ein:
Pa-et, Zwieba-, ba-en, bu-, Bal-en, entde-en, di-, Dru-, Schne-e, Tra-tor, Ta-t, na-t, Pa-er, Fabri-, Geni-, Kautschu-, Zir-us, So-el, Pa-t, Se-tor, Techni-, He-tar, Geschma-; Kreu-er, schneu-en, Flö-, Mün-e, bli-en, nü-en, ri-en, rei-en, bei-en, ankreu-en, Run-eln, he-en, Gei-, si-en, schü-en

Die s-Laute – ein Kapitel für sich

22. STOLPERSTEIN:
Weiches s und hartes s – rei**s**en und rei**ß**en

Es gibt drei Möglichkeiten, den s-Laut in der Schreibung wiederzugeben. Er kann als einfaches *s*, verdoppelt *(ss)* und als *ß* (scharfes *s* oder Eszett) seinen Dienst antreten.

In der Aussprache hingegen unterscheidet man nur zwei verschiedene s-Laute:
– das *weiche (stimmhafte) s* und
– das *harte (stimmlose) s.*

Es ergibt sich aus der Natur der Sache, dass *einer* der beiden s-Laute, die in der Aussprache unterschieden werden, durch *zwei* Zeichen wiedergegeben wird. Doch welcher?

R 25 Das **weiche** *s* wird immer als *s* in der Schreibung wiedergegeben.

Beispiele:
Sonne, singen, sauber; Amsel, Insel, Kurse, reisen

R 26 Das **harte** *s* wird als *ss* und als *ß* in der Schreibung wiedergegeben.

Beispiele:
Kassen, lassen, flüssig; draußen, Gruß, reißen

Bei richtiger und deutlicher Aussprache bereitet die Unterscheidung zwischen dem weichen *s* und dem harten *s* meistens kein Problem. Zu Verwechslungen kann es vorwiegend im süddeutschen Raum kommen, da hier alle s-Laute stimmlos gesprochen werden.

Darum auch hier meine Bitte:

Richtig und deutlich sprechen!

23. STOLPERSTEIN:
ss oder ß? – Gruß und Kuss von Julius

Die neue Rechtschreibung hat das *ss* und das *ß* völlig anderen Regeln unterworfen. Ausschlaggebend für die Schreibung ist der Vokal bzw. der Doppellaut, der *vor* dem s-Laut steht.

R 27 Nach **lang ausgesprochenen Vokalen** und **Doppellauten** schreibt man *ß*.

R 28 Nach **kurz ausgesprochenen Vokalen** schreibt man *ss*.

Nun wird es höchste Zeit, auch einige Beispiele mit ins Spiel zu bringen:

Straße	*stoßen*	*büßen*
langer Vokal	langer Vokal	langer Vokal (Umlaut)
schießen	*außen*	*Sträuße*
Doppellaut	Doppellaut	Doppellaut
Messer	*essen*	*Schlüssel*
kurzer Vokal	kurzer Vokal	kurzer Vokal (Umlaut)

Also noch einmal zur Wiederholung:

Grüße	*und*	*Küsse*
langer Vokal		kurzer Vokal

TRIMM-DICH-RUNDE 15 (Lösung siehe Seite 100)

Setzen Sie in den folgenden Wörtern an den fehlenden Stellen *ss* oder *ß* ein:
la-en, wi-en, E-ig, Ka-e, So-e, hei-en, au-en, fre-en, intere-ant, pa-en, pa-iert, Stra-e, Fü-e, Schlü-el, rei-en, gie-en, flie-en, au-erdem, me-en, verge-en, Grü-e, sto-en, pra-eln, Gewä-er

24. STOLPERSTEIN:

miss- und -nis – Das Zeugnis war ein Misserfolg

Nun gibt es noch zwei Silben, die es wirklich in sich haben:

> **R 29** Die Vorsilbe ***miss-*** wird mit *ss* geschrieben.

Beispiele:

Misstrauen, misshandeln, missachten

> **R 30** Die Nachsilbe ***-nis*** wird mit ***s*** geschrieben.

Beispiele:

*Ergeb**nis**, Ärger**nis**, Gefäng**nis***

Achten Sie bitte auf den Plural mit *ss:*

Ergebnisse, Ärgernisse, Gefängnisse

25. STOLPERSTEIN:

Auch das noch – Auf dass das »dass« zum »das« werde

So, nun ist es wohl leider so weit: In diesem Stolperstein geht es um den häufigsten Einzelfehler, der in Schulheften mit roter

Tinte von den lieben Lehrern angestrichen wird (von der »Dunkelziffer« ganz zu schweigen). Doch es ist noch nicht aller Tage Abend. Sie haben immerhin schon 24 Stolpersteine erfolgreich bewältigt. Da wäre es doch gelacht, wenn Sie nicht auch den 25. in eine Umlaufbahn lenken könnten. Also, noch mal tief Luft holen – der Count-down läuft. Es geht los:

Die beiden Wörter *das* und *dass* werden trotz ihrer gleichen Aussprache auf zwei Arten wiedergegeben. Doch warum?

Die Wörter haben im Satz unterschiedliche Aufgaben zu bewältigen und gehören deshalb verschiedenen Wortarten an. Ich kann es Ihnen leider nicht ersparen: Sie müssen sich wohl oder übel etwas mit der deutschen Grammatik beschäftigen, um die Schreibweise der Wörter *das* und *dass* ein für alle Mal auseinander halten zu können.

Gehen Sie am besten Schritt für Schritt vor:

R 31 *das* ist ein **bestimmter Artikel** (Geschlechtswort).

Achten Sie darauf, dass der bestimmte Artikel *das* mit einem einfachen *s* geschrieben wird.

Beispiele:

der Hund, die Katze, ***das*** *Meerschweinchen*
Das *Haus wurde versteigert.*
Er wird ***das*** *Regal selbst zusammenbauen.*

In den letzten beiden Sätzen kann das Wort *das* durch *dieses* ersetzt werden:

Dieses *Haus wurde versteigert. Er wird* ***dieses*** *Regal selbst zusammenbauen.*

R 32 *das* ist ein **Demonstrativpronomen** (hinweisendes Fürwort).

Auch als Demonstrativpronomen wird *das* mit einem einfachen *s* geschrieben.

Beispiele:
Zeigen Sie mir bitte ***das*** *Hemd.* ***Das*** *kann ich leider nicht verantworten.*

Auch hier kann das Wort *das* durch *dieses* bzw. *dies* ersetzt werden:

Zeigen Sie mir bitte ***dieses*** *Hemd.* ***Dies*** *kann ich leider nicht verantworten.*

R 33 *das* ist ein **Relativpronomen** (bezügliches Fürwort).

In dieser Funktion wird *das* ebenfalls mit einem einfachen *s* geschrieben.

Beispiele:
Das Auto, → ***das*** *rot lackiert ist, gehört Thomas.*

Das hervorgehobene Wort *das* bezieht sich hier auf *das Auto.*

Das Buch, → ***das*** *ich verliehen habe, ist lesenswert.*

Das hervorgehobene Wort *das* bezieht sich hier auf *das Buch.*

In diesen Fällen kann das Wort *das* durch *welches* ersetzt werden:

Das Auto, ***welches*** *rot lackiert ist, gehört Thomas.*
Das Buch, ***welches*** *ich verliehen habe, ist lesenswert.*

Durch die Ersatzprobe ergibt sich folgende volkstümliche Regel:

> **R 34** Wenn man ***dies[es]*** und ***welches*** einsetzen kann, schreibt man ***das.***

Und für alle, die der bairischen Mundart mächtig sind, gibt es noch folgende regelähnliche Feststellung:
das wird mit *s* geschrieben, wenn man im Bairischen *»des«* spricht.

Nun geht es um die Verwendung des Wortes *dass:*

> **R 35** *dass* ist eine **Konjunktion (Bindewort)** und **leitet** den **Nebensatz ein.**

Die Konjunktion *dass* wird mit *ss* geschrieben.

In diesem Zusammenhang sollten Sie sich zwei wichtige Merkmale des Nebensatzes vergegenwärtigen:

- Der Nebensatz ist unselbstständig und kann daher *nicht* allein stehen; er gehört zu einem Hauptsatz.
- Der Nebensatz wird durch ein Fügewort eingeleitet. Zu den Fügewörtern zählt auch die Konjunktion *dass.*

Beispiele:

Ich glaube, dass er »das« und »dass« unterscheiden kann.
Hauptsatz Nebensatz

Ich hoffe, dass sie die Merkmale eines Nebensatzes kennt.
Hauptsatz Nebensatz

Ich denke, dass diese Beispiele leicht zu verstehen sind.
Hauptsatz Nebensatz

Mit ss schreibt man auch *so dass (sodass), ohne dass, als dass.*

Führt die Ersatzprobe zu negativen Ergebnissen, liegt es klar auf der Hand:

R 36 Wenn man ***dies[es]*** und ***welches nicht*** einsetzen kann, schreibt man ***dass.***

TRIMM-DICH-RUNDE 16 (Lösung siehe Seite 100 f.)

Setzen Sie in den folgenden Lückentext die Wörter *das* und *dass* ein. Bestimmen Sie in Zweifelsfällen die Wortart, oder führen Sie die Ersatzprobe durch.

Lieferverzug

Es ist für mich sehr ärgerlich, ___ ___ Material, um ___ ich Sie dringend gebeten habe, nicht angekommen ist. Ohne Eisen kann ich keinen Stahlbeton herstellen. Doch wäre ___ noch nicht so schlimm. ___ aber auch ___ Holz nicht geliefert worden ist, ___ ich zum Gerüst benötige und ohne ___ ich nicht anfangen kann, ist mir unverständlich. In unserem Vertrag steht, ___ Sie für jeden Schaden aus verzögerter Lieferung aufkommen müssen. Sie wollen es doch nicht darauf ankommen lassen.

Ich habe Ihnen den großen Auftrag nur unter der Bedingung gegeben, ___ Sie rechtzeitig liefern. ___ kann ich erwarten. Nun trifft kein Material ein, so ___ ich nicht arbeiten kann. ___ ___ so nicht weitergeht, brauche ich wohl nicht stärker zu betonen. Wie würden Sie in meiner Lage handeln? Bedenken Sie, ___ auch andere von Ihrer Saumseligkeit erfahren. Ich kann dann Ihr Verhalten nicht mehr verschweigen, ohne ___ ich mich selbst in ein schlechtes Licht rücke. Ich muss also darauf bestehen, ___ Sie künftig die Lieferfristen einhalten. Schicken Sie bitte sofort ___ Holz, damit ich mit der Arbeit beginnen kann. Ich rechne fest damit.[2]

Die t-Laute – nicht nur ein süddeutsches Problem

26. STOLPERSTEIN:

Wir sind am Ende – Die Endrunde führt zur Entscheidung

Bei den Wörtern mit *ent-* und *end-* muss man zwei Gruppen unterscheiden können, um die richtige Schreibweise herauszufinden. Die folgenden beiden Regeln helfen dabei:

R 37 Die **Vorsilbe *ent-*** wird mit ***t*** geschrieben.

Beispiele:
entbehren, entdecken, entkommen, Entscheidung, Entgelt

R 38 **Zusammensetzungen und Ableitungen** von ***Ende*** werden mit ***d*** geschrieben.

Beispiele:
endgültig, endlich, beenden, Endung, Endspiel, Endpunkt, Endsilbe, Wochenende

TRIMM-DICH-RUNDE 17 (Lösung siehe Seite 101)

Setzen Sie in den folgenden Wörtern an den fehlenden Stellen *d* oder *t* ein:
en-spannen, en-zünden, En-summe, En-ergebnis, en-lang, En-reim, en-hüllen, En-verbraucher, en-blößen, En-fassung, en-gültig, en-decken, en-bieten, En-abrechnung, en-binden, en-zwei

27. STOLPERSTEIN:
Eine »gewaltige« Regel – Der Totschläger ist todernst

Auch dem erfahrenen Schreiber bereiten die Wörter mit *Tod/tod-* und *tot-* oftmals Kopfzerbrechen. Dabei kann alles so einfach sein:

R 39 Zusammensetzungen mit dem **Substantiv *Tod*** werden mit ***d*** geschrieben. Es handelt sich dabei in der Regel um **Adjektive** (Eigenschaftswörter).

Beispiele:
todsicher, todkrank, todmüde, todelend, todernst

R 40 Zusammensetzungen mit dem **Adjektiv *tot*** werden mit ***t*** geschrieben. Es handelt sich dabei in der Regel um **Verben** (Zeitwörter).

Beispiele:
totfahren, sich totlachen, totschlagen, totarbeiten

TRIMM-DICH-RUNDE 18 (Lösung siehe Seite 101)

Setzen Sie in den folgenden Wörtern an den fehlenden Stellen *d* und *t* ein:

to-blass, To-geburt, scheinto-, To-feind, to-sicher, sich to-stellen, To-schläger, to-schick, tö-lich, to-machen, to-matt, to-schießen, to-treten

28. STOLPERSTEIN:
Bedeutungsvolle Unterschiede – Seit gestern seid ihr informiert

Die unterschiedliche Schreibung der Wörter *seit* und *seid* hängt mit den verschiedenen Wortarten zusammen, denen die beiden Wörter angehören:

R 41 *seit* ist eine **Präposition** (Verhältniswort).

Beispiele:
Seit *über 100 Jahren gibt es eine einheitliche deutsche Rechtschreibung. Er ist* ***seit*** *zwei Jahren nicht mehr bei seiner Großmutter gewesen.*

R 42 *seit(dem)* ist eine **Konjunktion** (Bindewort).

»Glänzendes« Beispiel:
Seit(dem) *Hans dieses Taschenbuch liest, beherrscht er die deutsche Sprache besser.* (Das hoffe ich zumindest!)

Wir kommen zum Wort *seid:*

R 43 *seid* ist eine **konjugierte Form** des **Verbs** ***sein.***

Beispiele:
Seid *bitte brav.* ***Seid*** *ihr erwischt worden?*

TRIMM-DICH-RUNDE 19 (Lösung siehe Seite 101)

Setzen Sie in den folgenden Wörtern an den fehlenden Stellen *d* und *t* ein:

sei- heute, sei- pünktlich, sei- dem 9. Jahrhundert. Sei- Andreas zur Schule geht, muss er nachmittags seine Hausaufgaben machen. Sei- nett zueinander.

Die f-Laute – drei Verwandlungskünstler am Werk

29. STOLPERSTEIN:
f oder ph? – nur Fremdwörter kennen den Weg

Der f-Laut wird im Deutschen durch die Konsonanten *f, v* und *ph* wiedergegeben. Leider gibt es für deren Gebrauch keine allgemein gültige Regel, von der unterschiedlich festgelegten Verwendung einmal abgesehen. Doch eine kleine Hilfestellung in Bezug auf die Fremdwörter habe ich anzubieten:

R 44 *ph* steht nur in **Fremdwörtern.**

Beispiele:

*Al**ph**abet, Apostro**ph**, As**ph**alt, Di**ph**thong, Katastro**ph**e, **Ph**ysik, Sa**ph**ir, Stro**ph**e, Trium**ph***

Doch es gibt Fremdwörter, die sowohl mit *ph* als auch eingedeutscht mit *f* geschrieben werden können.

Beispiele:

*Biogra**ph**ie*	oder	*Biogra**f**ie*
*Geogra**ph**ie*	oder	*Geogra**f**ie*
*Gra**ph**it*	oder	*Gra**f**it*
*Orthogra**ph**ie*	oder	*Orthogra**f**ie*
*Paragra**ph***	oder	*Paragra**f***

30. STOLPERSTEIN:

fer- oder ver-? – Die Fertigung hat versagt

Wieder einmal gibt die Aussprache keine Hilfestellung. Doch warum sollen Sie sich lang den Kopf zerbrechen. Es gibt doch auch hier eine Richtschnur. Der Mensch ist schließlich ein Faultier.

R 45 Mit *f* schreibt man ***fertig*** und alle verwandten Wörter.

Beispiele:
fertig**, **Fertig**ung, an**fertig**en, ab**fertig**en, schlag**fertig

R 46 Mit *v* schreibt man die **Vorsilbe *ver-*.**

Beispiele:
***ver**geben, **ver**lassen, **ver**sprechen, **ver**sagen, **ver**lieren*

31. STOLPERSTEIN:
fiel oder viel? – **Viel Geld fiel aus der Tasche**

Trotz der gleichen Aussprache gibt es auch hier wieder zwei voneinander abweichende Schreibweisen. Deshalb müssen Sie nicht gleich versuchen, ein Hellseher zu werden, denn es gibt zwei verständliche Regeln:

R 47 *fiel* ist eine Vergangenheitsform des Wortes *fallen.*

Beispiele:
Es fiel auf den Boden.
Das gefiel ihm gut.

R 48 *viel* ist ein **unbestimmtes Numerale** (Zahlwort) und bedeutet *»eine Menge«.*

Beispiele:
viele Rechtschreibregeln, viel Ärger um nichts

TRIMM-DICH-RUNDE 20 (Lösung siehe Seite 102)

Entscheiden Sie sich in den folgenden Fällen für die Schreibung mit *f* oder *v:*

Es -iel hinter den Schrank. Mit seinen Geschäften machte er -iel Geld. Der Apfel -iel auf den Tisch. -iele Köche verderben den Brei. Es fehlte nicht -iel. Sie -iel aus der Rolle.

Was sonst noch zu klären wäre – Fortsetzung folgt …

32. STOLPERSTEIN:

-ig oder -lich? – vierstündig und vierstündlich

Wie stehen die Chancen, die richtige Nachsilbe zu finden? Sie stehen gut, denn Sie haben die Möglichkeit, eine Verlängerungsprobe durchzuführen.

Beispiele:

*täg**lich** → täg**liche*** *schmutz**ig** → schmutz**ige***
*herr**lich** → herr**liche*** *neb**lig** → neb**lige***

Doch dem nicht genug:
Es gibt Wörter, bei denen sich durch den Gebrauch der Nachsilben *-ig* und *-lich* die Bedeutung ändert:

*stünd**lich*** = jede Stunde *täg**lich*** = jeden Tag
-lich zeigt die regelmäßige Wiederholung an.

einstündig = eine Stunde *zweitägig* = zwei Tage
-ig zeigt dagegen die Dauer an.

33. STOLPERSTEIN:
Der x-Laut gibt sich die Ehre – Der Klecks im Text

boxen, Fuchs, Klecks, unterwegs und *links* – alle Wörter haben einen x-Laut.

TRIMM-DICH-RUNDE 21 (Lösung siehe Seite 102)

Formulieren Sie anhand der genannten Beispiele eine Regel für die Wiedergabe der x-Laute:

R 49

Na, was sagen Sie nun? Sie haben ohne größeren Aufwand die Stolpersteine rund um die Konsonanten aus dem Weg geräumt.

Mal GROSS und mal klein – muss denn das sein?

Die Einführung der neuen Rechtschreibung hat hier zu vermehrter Großschreibung geführt. Doch Rechtschreibreform hin oder her – auch weiterhin wird es erforderlich sein, in Zweifelsfällen ein Wörterbuch zur Hand zu nehmen.

Satzanfänge und Überschriften – die Sache nimmt ihren Anfang

34. STOLPERSTEIN:

Satzanfänge – Die erste Regel wartet auf ihren Einsatz

Die erste Regel zur Groß- und Kleinschreibung müsste eigentlich jedem von Ihnen geläufig sein:

> **R 50** **Satzanfänge** werden **großgeschrieben.**

Beispiele:
Die Groß- und Kleinschreibung zählt zweifelsohne zu den schwierigsten Bereichen unserer Rechtschreibung.
Die Einführung der neuen Rechtschreibung hat hier zu vermehrter Großschreibung geführt.

Doch jetzt wird es schon eine Stufe schwieriger:

> **R 51** Nach einem **Doppelpunkt** wird **großgeschrieben,** wenn ein **vollständiger Satz** folgt.

Beispiel:
Die Regel 51 lautet: Nach einem Doppelpunkt wird großgeschrieben, wenn ein vollständiger Satz folgt.

Wer A sagt, muss auch B sagen:

> **R 52** Nach einem **Doppelpunkt** wird **kleingeschrieben,** wenn der folgende Text nicht als **vollständiger Satz** aufgefasst wird.

Beispiele:

In der Mathematik unterscheidet man fünf Brucharten: den echten, unechten, uneigentlichen, gleichnamigen und ungleichnamigen Bruch. (Schon wieder was dazugelernt!)

Deutsch: gut

Er vermisste sie immer wieder: die Geduld zu lernen.

35. STOLPERSTEIN:
Überschriften – Die Sonne scheint jetzt jeden Tag

Müssen wir uns damit lange aufhalten? Hoffentlich nicht, denn die wenigsten haben es noch nicht bemerkt:

> **R 53** Das **erste Wort** einer **Überschrift** wird **großgeschrieben.**

Sie werden es kaum glauben: Diese Regel kennt keine einzige Ausnahme.

Substantive – den Dingen einen Namen geben

36. STOLPERSTEIN:

Substantive immer groß – Diese Regel ist Grundwissen

In dieser Überschrift stehen drei Substantive. Wie sich ohne große Mühe erkennen lässt, wurden sie mit einem großen Anfangsbuchstaben geschrieben. Sie ahnen bereits, was auf Sie zukommt:

> **R 54** **Substantive** werden **großgeschrieben.**

Diese Regel lässt sich verhältnismäßig leicht anwenden, denn Sie wissen, dass zur Kategorie Substantiv alle Gegenstände zählen, die man anfassen kann. Achten Sie bitte auch auf Wörter wie *Liebe, Friede* und *Freude.* Auch hier handelt es sich um Substantive.

Kennen Sie den?
Paulchen erhält seinen Aufsatz zurück. »Du weißt doch, dass man alles großschreibt, was man sehen und anfassen kann. Warum hast du denn ›Löwe‹ kleingeschrieben?« – »Herr Lehrer, fassen Sie mal einen an!«

Und weil ein wenig Wiederholung nicht schaden kann, folgen gleich noch zwei Kennzeichen für die Substantive:

- Ein unverwechselbares Kennzeichen für die Substantive ist der Einsatz der Artikel:

Vor alle Substantive kann man einen Artikel setzen.

Beispiele:
Hund → *der Hund*
Katze → *die Katze*
Kind → *das Kind*

Doch hier ist Vorsicht geboten! Ab und zu schleicht sich zwischen Artikel und Substantiv ein anderes Wort:

*der → schöne → **Hund***
*die → süße → **Katze***
*das → brave → **Kind***

– Manchmal lässt sich auch mit Hilfe der Endung ein Substantiv erkennen.

Beispiele:
*Mei**nung**, Mann**schaft**, Klug**heit**, Trüb**sal**, Erlaub**nis**, Ritter**tum***

Da alle anderen Wortarten normalerweise mit einem kleinen Anfangsbuchstaben geschrieben werden, können Sie die nächste Trimm-dich-Runde nun ohne weiteres auf sich zukommen lassen:

TRIMM-DICH-RUNDE 22 (Lösung siehe Seite 102 f.)

Im folgenden Text sind alle Wörter mit einem kleinen Anfangsbuchstaben geschrieben. Berichtigen Sie alle Wörter, die großgeschrieben werden müssen:

mit der gründung des zweiten deutschen reiches am 18. jänner 1871 durch otto graf von bismarck sah man mehr denn je die notwendigkeit, die bis dahin recht »wild gewachsene« rechtschreibung in deutschland durch eine behördliche verordnung verbindlich zu regeln, um eine ungehinderte schriftliche verständigung im neu geschaffenen staat zu ermöglichen. ein jahr nach der politischen einigung beauftragte man in einer nach dresden einberufenen schulkonferenz der länder den bis 1879 als preußischen kultusminister tätigen rechtsgelehrten und staatsmann dr. adalbert falk, sich einer einheitlichen rechtschreibung anzunehmen.

falk hielt daraufhin die vom 4. bis zum 15. jänner 1876 in berlin andauernden »verhandlungen der zur herstellung größerer einigung in der deutschen rechtschreibung berufenen konferenz« ab, zu denen er teilnehmer wie rudolf von raumer, konrad duden und wilhelm wilmanns bereits namentlich vorgesehen hatte, da diese sachdienliche erfahrung sowie kenntnis über die bedürfnisse in den schulen besaßen.[3]

Substantivierte Verben und Adjektive – kleine Wörter auf großem Fuß

37. STOLPERSTEIN:
Wenn das Verb zum Substantiv aufsteigt –
Das Schreiben ist nicht immer leicht

Mit großer Wahrscheinlichkeit haben Sie aus dem bisher Gesagten den Schluss gezogen, dass alle Wortarten, die nicht zur Kategorie Substantiv gehören, kleingeschrieben werden. Doch wieso wird in der Überschrift das Wort *schreiben* großgeschrieben, obwohl es sich doch um ein Verb handelt?
Das Verb *schreiben* wurde zum Substantiv befördert und wird demzufolge auch großgeschrieben. Also:

> **R 55 Verben,** die als **Substantive** gebraucht werden, schreibt man mit **großem Anfangsbuchstaben.**

Das »Signalwort« für die Beförderung – der Sprachwissenschaftler spricht von Substantivierung – ist der vorangehende *Artikel.*

Beispiele:
***das** Lesen, **das** Schlafen, **im** Gehen, **beim** Trinken, **vom** Singen, **zum** Schreiben*

Was heißt hier *Artikel*? Die Wörter *im, beim, vom* und *zum* sind doch Präpositionen, werden Sie mit Recht sagen. – Aber aufgepasst, hier liegt eine Verschmelzung mit dem Artikel vor:

im	→ *in*	+ ***dem***	*vom*	→ *von*	+ ***dem***
beim	→ *bei*	+ ***dem***	*zum*	→ *zu*	+ ***dem***

38. STOLPERSTEIN:

Blitzkarriere für das Adjektiv –

Das Schöne an dieser Regel ist die leichte Handhabung

Auch das Adjektiv hat das Recht, sich als Substantiv zu zeigen. Die nächste Regel ruft:

> **R 56** **Adjektive,** die als **Substantive** gebraucht werden, schreibt man mit **großem Anfangsbuchstaben.**

Der vorangehende *Artikel* ist auch hier als »Signalwort« im Einsatz.

Beispiele:
***das** Neue, **das** Gute, **das** Seltsame*

Nach *unbestimmten Numeralien (Zahlwörtern)* wird das Adjektiv ebenfalls großgeschrieben.

Beispiele:
***viel** Neues, **alles** Gute, **nichts** Seltsames*

Alles klar? Dann überprüfen Sie einfach mal Ihren Kenntnisstand in der nächsten Trimm-dich-Runde:

TRIMM-DICH-RUNDE 23 (Lösung siehe Seite 103)

Entscheiden Sie sich für die Schreibung mit großem oder kleinem Anfangsbuchstaben:

Das (f/F)ahren mit Bus und Straßenbahn

Das (f/F)ahren mit dem Bus und der Straßenbahn bereitet dem Großstädter im Allgemeinen wenig Vergnügen. Da er tagaus, tagein nie Zeit hat, macht ihn schon ein (l/L)ängeres (w/W)arten an den Haltestellen ungeduldig und reizbar. Glücklicherweise kann man meistens ruhig und bequem ein- und aussteigen. In den Hauptverkehrszeiten aber entsteht mitunter ein (r/R)ücksichtsloses (s/S)toßen, (s/S)chubsen und (d/D)rängeln. Jeder will begreiflicherweise der Gefahr des (z/Z)urückbleibens entgehen. Am liebsten möchte er zu Fuß nach Hause wandern, wenn er nur zeitmäßig dazu imstande wäre. Oft muss er minutenlang warten, um dann doch unverrichteter Dinge zurückzustehen, wenn die ankommenden Wagen bereits besetzt sind. Es grenzt schon fast ans (w/W)underbare, wenn er es zuwege bringt, angesichts der (d/D)rängenden Fülle wider Erwarten noch Platz zu bekommen. Das sollte eigentlich (n/N)ichts (b/B)esonderes sein, ist aber doch häufig (e/E)twas (u/U)ngewöhnliches. Man stellt sich auf alle Fälle erfahrungsgemäß kurz vor der Abfahrt der Wagen dicht an die Bürgersteigkante, darf aber die nötige Vorsicht dabei nicht außer Acht lassen.[4]

39. STOLPERSTEIN:

Wortpaare – Alt und Jung oder die Alten und die Jungen

Bei der Schreibung von Wortpaaren hat uns die neue Rechtschreibung das Leben leichter gemacht. Es spielt nun keine Rolle mehr, ob das Wortpaar ungebeugt *(Alt und Jung)* oder gebeugt *(die Alten und die Jungen)* ist. Die Großschreibung ist in jedem Fall korrekt.

Nochmals als Regel:

> **R 57** **Wortpaare** für die **Bezeichnung von Personen** werden **großgeschrieben.**

Beispiele:
Alt und Jung / die Alten und die Jungen
Arm und Reich / die Armen und die Reichen
Groß und Klein / die Großen und die Kleinen

Die Pronomen – eine ziemlich heikle Angelegenheit

40. STOLPERSTEIN:

Darf's etwas mehr sein? – ein paar und ein Paar

Was soll denn das schon wieder? Einmal wird das Wort groß- und einmal kleingeschrieben. Wie ist das zu erklären?

> **R 58** *ein paar* bezeichnet eine **unbestimmte Menge.**

Beispiele:

ein ***paar*** *Äpfel* (einige Äpfel)
ein ***paar*** *Rechtschreibregeln* (einige Rechtschreibregeln)
ein ***paar*** *Büroklammern* (einige Büroklammern)

R 59 *ein Paar* bezeichnet **zwei zusammengehörige Teile.**

Beispiele:

ein ***Paar*** *Socken* (zwei Socken)
ein ***Paar*** *Schuhe* (zwei Schuhe)
ein ***Paar*** *Handschuhe* (zwei Handschuhe)

41. STOLPERSTEIN: Dem Anredepronomen auf der Spur – eine höfliche Geste

Bei der Schreibung der Anredepronomen hat sich einiges geändert. Aber sehen Sie selbst:

R 60 Das **Anredepronomen** ***Sie*** und die **abgeleiteten Formen** ***Ihr, Ihre*** usw. werden in **Briefen** und **feierlichen Schriften großgeschrieben.**

Beispiele:

Sehr geehrte Damen und Herren,
für ***Ihren*** *Brief danke ich* ***Ihnen*** *herzlich. Auch diesmal haben* ***Sie*** *wieder alles zu meiner Zufriedenheit ausgeführt …*

Aber:

> **R 61** Das Anredepronomen *du* und die abgeleiteten Formen *dir, dich* usw. werden **in Briefen** und **feierlichen Schriften kleingeschrieben.**

Beispiel:

Lieber Johannes,
für ***deinen*** *Brief danke ich* ***dir*** *herzlich. Auch diesmal hast* ***du*** *wieder alles zu meiner Zufriedenheit ausgeführt …*

Namen – sage mir, wie du heißt …

42. STOLPERSTEIN:
Das gibt's nur einmal –
das Tote Meer und der Pazifische Ozean

Lassen Sie uns mit der Grundregel beginnen, die den meisten bekannt sein wird:

> **R 62** **Namen** werden **großgeschrieben.**

Wie steht es jedoch mit mehrteiligen Namen – kennen Sie sich da aus?

> **R 63** **Adjektive,** die zu einem mehrteiligen **Namen** gehören, werden **großgeschrieben.**

Beispiele:

*der **B**ayerische Wald*
*das **T**ote Meer*
*die **D**eutsche Post*
*der **P**azifische Ozean*
*Karl der **G**roße*
*der **D**eutsche Eissportverband*

Das gilt auch für Straßennamen:
*die **N**eue Straße, der **A**lte Platz, die **L**ange Gasse*

43. STOLPERSTEIN:

Was darf's denn sein? – fränkischer Wein im Rheinischen Schiefergebirge

Nur nicht nervös werden: Sie sind ja schon beim letzten Stolperstein zur Groß- und Kleinschreibung angelangt.

> **R 64** Wörter, die von **geografischen** (erdkundlichen) Namen abgeleitet sind und auf ***-isch*** enden, werden **kleingeschrieben,** wenn sie ***nicht*** Bestandteil eines Eigennamens sind.

Beispiele:
*fränk**ischer** Wein*
*italien**isches** Eis*
*holländ**ischer** Käse*

aber als Bestandteil eines Eigennamens groß:

***F**ranzösische Schweiz*
***I**ndischer Ozean*
***R**heinisches Schiefergebirge*

R 65 Wörter, die von **geografischen** (erdkundlichen) **Namen abgeleitet** sind und auf ***-er*** enden, werden **großgeschrieben.**

Beispiele:
Frankfurter Börse
Wiener Schnitzel
Hamburger Hafen

TRIMM-DICH-RUNDE 24 (Lösung siehe Seite 104)

Entscheiden Sie sich in den folgenden Fällen für die Schreibung mit großem oder kleinem Anfangsbuchstaben:

Im Delikatessgeschäft

Wo die (s/S)chlesische Straße die (k/K)rumme Gasse kreuzt, befindet sich an der rechten Ecke in Richtung Frühlingsstraße das (n/N)eue (g/G)roße Delikatessgeschäft. Es grenzt fast ans (w/W)underbare, was es da alles (g/G)ute zu (k/K)aufen gibt! Da gibt es (h/H)olländer, (s/S)chweizer und (t/T)ilsiter Käse, (t/T)hüringische Wurstwaren, (b/B)raunschweiger Mettwurst, (f/F)rankfurter und (w/W)iener Würstchen, (m/M)ünchner Weißwürste; den berühmten (s/S)chwarzwälder Speck und (w/W)estfälischen Schinken bekommt man hier in besonderer Güte. Natürlich gibt es auch (p/P)ortugiesische Sardinen; wer (k/K)ieler Sprotten oder Ostseeaale haben will, findet nirgends bessere.

In der Weihnachtszeit ist das Schaufenster besonders reichhaltig dekoriert. Da sehen wir (n/N)ürnberger Lebkuchen, (k/K)arlsbader Oblaten, (a/A)achener Printen, (l/L)iegnitzer Bomben und (t/T)horner Kathrinchen. Das Haus empfiehlt auch den echten (d/D)resdener Stollen und (w/W)armbrunner Gebäck. In großen Schalen liegen (i/I)talienische Äpfel, (s/S)panische Apfelsinen und (f/F)ranzösische Trauben und Nüsse. Auf Regalen im Hintergrund stehen die Getränke: (g/G)riechische und (s/S)üdtiroler Weine, (f/F)ranzösischer Sekt und selbstverständlich auch (d/D)eutsche Rhein- und Moselweine, Frankenweine in Bocksbeuteln und von der Sonne verwöhnte (b/B)adische Weine. Hierzu mundet am (b/B)esten etwas ganz (b/B)esonderes: vielleicht (s/S)traßburger Gänseleberpastete, (r/R)ussischer Kaviar, (n/N)orwegischer Sild, (i/I)talienische Oliven oder (h/H)elgoländer Hummer. Wer aber nach einem schönen Braten Ausschau hält, findet in einer Kühltruhe (p/P)ommersche Mastgänse, tafelfertig gebratene (a/A)merikanische Hähnchen oder (e/E)nglische Puter. Die Auswahl ist also wirklich groß, so dass jeder etwas (p/P)assendes finden kann.[5]

Ja, ja, so schnell kann's gehen. Die Fallgruben zur Groß- und Kleinschreibung haben Sie jetzt ebenfalls kennen gelernt. Doch die deutsche Rechtschreibung hält noch einige Überraschungen bereit – sehen Sie selbst.

Mal getrennt und mal zusammen – drum prüfe, wer sich ewig bindet

Achtung, Sie haben das Kapitel einer weiteren Geheimwissenschaft unserer Rechtschreibung aufgeschlagen: Es geht um die »geliebte« Getrennt- und Zusammenschreibung, die auch so manchen Profi in Verlegenheit bringt. Mit Hilfe einiger Faustregeln, die in diesem Kapitel besprochen werden, können auch Sie zum Anhänger dieser Wissenschaft werden.

Verbindungen mit Verben – aller Anfang ist schwer

44. STOLPERSTEIN:

Verb und Verb – sitzen bleiben und spazieren gehen

> **R 66** Verbindungen aus **Verb und Verb** werden **getrennt geschrieben.**

Beispiele:
spazieren gehen
baden gehen (auch im Sinne von »verlieren«)
sitzen bleiben (auch im Sinne von »nicht versetzt werden«)

45. STOLPERSTEIN:
Substantiv und Verb – Rad fahren und Eis laufen

In diesem Bereich macht es uns die neue Rechtschreibung ziemlich einfach:

R 67 Verbindungen aus **Substantiv und Verb** werden **getrennt geschrieben.**

Beispiele:
Rad fahren, Auto fahren, Eis laufen, Halt machen, Kopf stehen, Teppich klopfen

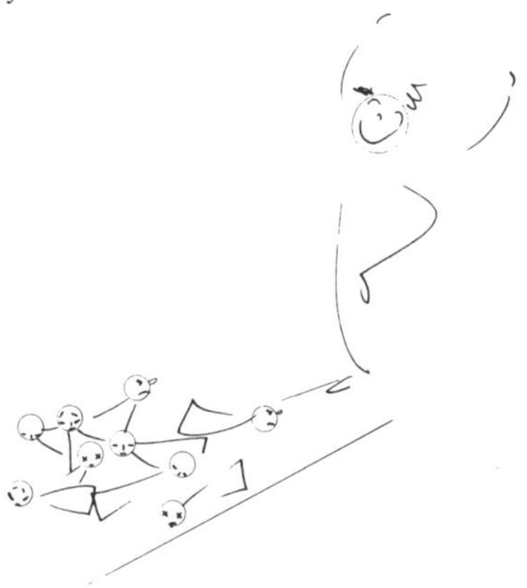

infrage/in Frage, zulasten/zu Lasten & Co.

46. STOLPERSTEIN:
Mithilfe oder mit Hilfe? – Wer die Wahl hat …

… hat die Qual, denn bei bestimmten festen Verbindungen aus Präposition und Substantiv ist Zusammen- und Getrenntschreibung möglich:

außerstande/außer Stande (sein)
imstande/im Stande (sein)
infrage/in Frage (stellen)
instand/in Stand (setzen)
mithilfe/mit Hilfe
zugrunde/zu Grunde (gehen)
zugunsten/zu Gunsten
zulasten/zu Lasten (gehen)
zuleide/zu Leide (tun)
zumute/zu Mute (sein)
zurande/zu Rande (kommen)
zuschanden/zu Schanden (machen)
zustande/zu Stande (bringen)
zutage/zu Tage (fördern)
zuungusten/zu Ungunsten
zuwege/zu Wege (bringen)

Kommasetzung auf einen Blick – in null Komma nichts

Bei der Zeichensetzung bereitet vor allem der Gebrauch des Kommas die größten Probleme. In diesem Kapitel können Sie sich mit den wichtigsten Regeln auseinander setzen, um wenigstens die häufigsten Fehler zu vermeiden. Je geläufiger Ihnen die Grundregeln werden, desto mehr Boden können Sie unter den Füßen gewinnen …

Das Komma zwischen Sätzen – ein Zwischenfall

47. STOLPERSTEIN: Das Komma zwischen Haupt- und Nebensatz – eine Binsenweisheit

Im 25. Stolperstein haben Sie bereits zwei wichtige Merkmale des Nebensatzes kennen gelernt. Lassen Sie uns noch einmal zurückblicken:

- Der Nebensatz ist unselbstständig und kann daher *nicht* allein stehen; er gehört zu einem Hauptsatz.
- Der Nebensatz wird durch ein Fügewort eingeleitet. Zu den Fügewörtern zählt auch die Konjunktion *dass.*

Und nun gehen wir einen Schritt weiter. Es fehlen eindeutig die Merkmale des Hauptsatzes. Und hier sind sie:

- Der Hauptsatz kann allein stehen.
- Er besteht mindestens aus Subjekt und Prädikat.

Beispiele:

Ich hoffe, *dass er uns gehört hat.*

Hauptsatz Nebensatz

Wenn er fleißig lernt, wird er eine gute Note schreiben.

Nebensatz Hauptsatz

Ich ahne schon, Sie haben den Fall durchschaut – die nächste Regel wird Ihnen auf der Zunge zergehen:

R 68 Das **Komma** steht zwischen **Haupt- und Nebensatz.**

48. STOLPERSTEIN:
Das Komma zwischen Hauptsätzen – der nötige Abstand

Treffen zwei Hauptsätze aufeinander, wollen sie sich ebenso voneinander unterschieden wissen wie von Nebensätzen. Daher gilt:

R 69 Das **Komma** steht zwischen **Hauptsätzen.**

Beispiele:

Hans putzt das Auto, Stefan spielt Gitarre.

Hauptsatz Hauptsatz

Das Komma bei Aufzählungen und nachgestellten Beifügungen – erstens, zweitens …

49. STOLPERSTEIN:
Punkt, Punkt, Komma, Strich – nicht zu viel des Guten

Vier gleichgeordnete Wörter, aneinander gereiht und mit Hilfe von Kommas voneinander getrennt – dabei kann es sich nur um eine Aufzählung handeln:

> **R 70** Das **Komma** steht bei **Aufzählungen** zwischen **gleichgeordneten Wörtern und Satzgliedern.**

Und weil es so schön war, gleich noch ein paar Beispiele:

Sie sammelt Briefmarken, Telefonkarten, Ersttagsblätter.
Sie sammelt nicht nur Briefmarken, sondern auch Telefonkarten, vor allem jedoch Ersttagsblätter.

aber:

Sie sammelt Briefmarken, Telefonkarten und Ersttagsblätter.

50. STOLPERSTEIN:
Die Ergänzung mit Kommas – nachgestellte Beifügungen

Ein weiterer häufiger Kommafehler taucht bei den nachgestellten Beifügungen auf. Viele glauben, sich mindestens ein Komma sparen zu können, obwohl es sich um einen klar umrissenen Einschub handelt:

> **R 71** Nachgestellte Beifügungen werden in **Kommas** eingeschlossen.

Beispiele:
Christian, mein Neffe, und ich gehen in die Stadt.
An einigen Wochentagen, zum Beispiel am Mittwoch, spiele ich Fußball.

Alles verstanden? Im ersten Beispielsatz handelt es sich um zwei Personen *(der Neffe Christian und ich)*; würde man das schließende Komma weglassen, wären es drei *(Christian, der Neffe und ich)*. Der zweite Satz wäre ohne schließendes Komma schlichtweg falsch interpunktiert. Prüfen Sie bitte Ihren Kenntnisstand:

TRIMM-DICH-RUNDE 25 (Lösung siehe Seite 105)

Setzen Sie in den nachfolgenden Text alle fehlenden Kommas ein:

Die Gründung der Stadt Aachen
Kaiser Karl der Große war ein eifriger Jäger und nichts liebte er so als das edle Weidwerk mit dem er sich von seinen schweren Staatsgeschäften zu erholen pflegte. Nun waren aber in der Gegend wo jetzt die Stadt Aachen liegt vor Zeiten große Eichen- und Buchenwälder die in ihrer Abwechslung mit dichten Tannen- und Fichtenwäldern Sümpfen und Heidestrecken treffliche Verstecke für Wild und Raubtiere aller Art abgaben. Es darf also nicht wun-

dernehmen wenn der Kaiser sobald er in diese Gegend kam gerade hier am meisten mit seinem Gefolge jagte. Auf einer dieser Jagden hatte er sich jedoch bei der Verfolgung eines Hirsches allzu weit von seinen Begleitern entfernt und kam so im Walde herumirrend zu einem in Trümmern liegenden alten Schlosse. Als er jedoch dasselbe näher in Augenschein nehmen wollte versank plötzlich sein Ross mit den Vorderfüßen in einem Morast. Der Kaiser stieg vom Pferde herab um es herauszuziehen und sah an der Stelle wo dasselbe die Erde durchbrochen hatte heiße Dämpfe und gleich darauf einen Wasserstrahl aus dem Boden aufspritzen. Der fromme Kaiser sank auf die Erde und dankte Gott in seinem Gebete für diese Entdeckung denn er erkannte sofort dass er eine heilbringende Quelle entdeckt habe. Er gelobte gleichzeitig der Jungfrau Maria hier einen Tempel zu errichten und sich aus dem alten Schlosse ein Jagdschloss und eine Pfalz bauen zu lassen. Das war die erste Entstehung des Kaiserpalastes zu Aachen und der Liebfrauenkirche.[6]

Joseph Müller

Grammatik des täglichen Lebens – die letzten Fallgruben werden aufgespürt

Nicht nur die Schreibweise, sondern auch der Gebrauch des einen oder anderen Wortes lässt manche Anwender oftmals grübeln. Ob es sich nun *anscheinend* oder nur *scheinbar* um *das gleiche* oder *dasselbe* Buch handelt, ob die Rechtschreibung schwieriger *als* oder *wie* die Grammatik ist und ob Sie im letzten Kapitel nun einige Richtlinien über die *Kommas* oder die *Kommata* gelernt haben – dieses Kapitel wird Klarheit schaffen.

Das gleiche und dasselbe sind nicht dasselbe – wenn Ihr Sprachgefühl gefragt ist

51. STOLPERSTEIN: *Wir sollten nicht Gleiches mit Gleichem vergelten* – das gleiche und dasselbe

Ja, was nun? Sind die beiden Wörter denn nicht *ein und dasselbe?* – Nein, keineswegs, mit den Wörtern *das gleiche* und *dasselbe* bezeichnet man Unterschiedliches. *Das gleiche* meint eben Gleiches, während *dasselbe* genau dasselbe meint:

> **R 72** *das gleiche* bedeutet *»etwas Ähnliches«.*

> **R 73** *dasselbe* bedeutet *»das Identische«.*

Beispiel:
Hans und Peter fahren das gleiche Auto und haben denselben Chef.

Achten Sie in Zukunft auf diesen kleinen Unterschied; die jeweilige Bedeutung ergibt sich meistens aus dem Zusammenhang.

52. STOLPERSTEIN:
Glauben heißt nichts wissen –
anscheinend und scheinbar

Auch hier gibt es einen kleinen, aber feinen Unterschied, der in der Alltagssprache meist vernachlässigt wird. Die nächsten beiden Regeln werden behilflich sein:

> **R 74** *anscheinend* bedeutet ***»es ist vermutlich so, wie es erscheint«.***

Beispiele:

*Sie hat sich **anscheinend** verletzt.*
*Er ist **anscheinend** krank.*

> **R 75** *scheinbar* bedeutet ***»es sieht nur so aus«.***

Beispiele:

*Die Zeit blieb **scheinbar** stehen.*
***Scheinbar** machte es ihm nichts aus, dass er nicht versetzt wurde.*

TRIMM-DICH-RUNDE 26 (Lösung siehe Seite 106)

Setzen Sie die Wörter *anscheinend* und *scheinbar* ein:

Sie hat _____ den Termin vergessen, da sie nicht gekommen ist. Die Sonne dreht sich _____ um die Erde. Du hast sie _____ vergessen.

Formen und Maße – es muss schließlich alles seine Ordnung haben

53. STOLPERSTEIN:

Welche Pluralform ist die richtige? – Kommas und Kommata

Die Fremdwörter haben schon bei der Rechtschreibung genug Ärger bereitet. Doch auch bei der Bildung des Plurals fallen sie oftmals aus der Reihe. Einige haben sogar mehrere Pluralformen. Sie fahren am besten, wenn Sie sich die ungewöhnlichen Formen einprägen.

Singular	**Plural**
der Atlas	*die Atlanten, Atlasse*
die Basis	*die Basen*
der Charakter	*die Charaktere*
das Datum	*die Daten*
das Dogma	*die Dogmen*
das Drama	*die Dramen*
das Examen	*die Examen, Examina*
das Genus	*die Genera*
der Globus	*die Globen, Globusse*
das Gremium	*die Gremien*
das Gymnasium	*die Gymnasien*
das Individuum	*die Individuen*
das Jubiläum	*die Jubiläen*
der Kaktus	*die Kakteen, Kaktusse*
das Komma	*die Kommas, Kommata* (nicht: *Kommatas*)
das Lexikon	*die Lexika, Lexiken*
der Magnet	*die Magnete, Magneten*
das Möbel	*die Möbel* (nicht: *Möbeln*)
das Museum	*die Museen*
die Pizza	*die Pizzen, Pizzas, Pizze*
die Praxis	*die Praxen*
der Radius	*die Radien*
der Rhythmus	*die Rhythmen*
das Risiko	*die Risiken, Risikos*
das Schema	*die Schemas, Schemen, Schemata* (nicht: *Schematas*)
das Tempus	*die Tempora*
das Virus	*die Viren*
der Zirkus	*die Zirkusse*

54. STOLPERSTEIN:
Wie hieß das doch gleich – das Poster oder der Poster?

Nicht nur beim Plural, sondern auch beim Geschlecht der Fremdwörter gerät man leicht in Verlegenheit. Muss es nun *das* oder *der Poster, das* oder *der Virus, die* oder *das Vokabel* heißen? Auch hier sollten Sie die verschiedenen Varianten kennen, sich im Gebrauch jedoch auf eine Version festlegen.

***der** Apostroph*		
***das** Barock*	oder	***der** Barock*
***der** Biskuit*	oder	***das** Biskuit*
***der** Bonbon*	oder	***das** Bonbon*
***der** Curry*	oder	***das** Curry*
***der** Dschungel*	oder	***das** Dschungel*
***der** Essay*	oder	***das** Essay*
***das** Gelee*	oder	***der** Gelee*
***der** Joghurt*	oder	***das** Joghurt*
***das** Katheder*	oder	***der** Katheder*
***der** Liter*	oder	***das** Liter*
***das** Poster*	oder	***der** Poster*
***der** Prospekt*	oder	***das** Prospekt* (österreichisch)
***der** Sakko*	oder	***das** Sakko*
***das** Semikolon*		
***das** Virus*	oder	***der** Virus*
***die** Vokabel*	oder	***das** Vokabel* (österreichisch)
***das** Zölibat*	oder	***der** Zölibat*

55. STOLPERSTEIN:

Adjektive richtig gesteigert – einzig, maximal und tot

Es gibt bestimmte Wörter, bei denen eine Vergleichsform unüblich ist oder *nicht* gebildet werden kann, da sie aufgrund ihrer Bedeutung bereits etwas Endgültiges bezeichnen. Einige davon sollte man immer präsent haben:

einzig	*nackt*	*bargeldlos*
maximal	*mündlich*	*obdachlos*
absolut	*schriftlich*	*ganz*
total	*rund*	*halb*
tot	*viereckig*	*zweifach*
lebendig	*stumm*	*letzt*

Folgende Farbadjektive können ebenfalls *nicht* gesteigert werden: *oliv, rosa, lila, beige orange.*

Ungereimtheiten in der Satzlehre – wie man sich einen Reim darauf macht

56. STOLPERSTEIN:

Die altbekannte Frage – wie oder als?

Bei Vergleichen werden die Wörter *wie* und *als* häufig falsch verwendet, obwohl die Regeln verhältnismäßig leicht zu handhaben sind. Sie werden es gleich sehen:

R 76 *als* verwendet man bei **Vergleichen** nach dem **Komparativ.**

Beispiele:

*Hans ist **größer als** Fritz.*
*Er ist **schlauer als** sie.*

R 77 *wie* verwendet man bei **Vergleichen** nach dem **Positiv.**

Beispiele:

*Petra ist **so groß wie** Astrid.*
*Mein Bruder ist **so alt wie** mein Cousin.*

also:

bei Ungleichheit → *als*
bei Gleichheit → *wie*

TRIMM-DICH-RUNDE 27 (Lösung siehe Seite 106)

Ergänzen Sie die Wörter *als* und *wie:*
Er ist größer __ Christian, aber so groß __ Emil. Manfred hat mehr Briefmarken __ ich. Er ist so schlau __ Karin. Es schmeckt besser __ zu Hause.

57. STOLPERSTEIN:
Die indirekte Rede – nicht ganz beim Wort genommen

Ich weiß, der Unterschied zwischen direkter und indirekter Rede ist Ihnen völlig klar:
Während die direkte Rede ein Gespräch im Wortlaut, also wortwörtlich, wiedergibt, berichtet die indirekte Rede nur von den Äußerungen.

Beispiel:

direkte Rede:	*Hans sagt: »Ich **bin** traurig.«*
indirekte Rede:	*Hans sagt, er **sei** traurig.*
oder:	*Hans sagt, dass er traurig **sei.***

Was jedoch ist Ihnen beim zweiten Beispiel aufgefallen? – Richtig, die Aussageweise ist eine andere. Warum?

> **R 78** Die **indirekte Rede** steht im **Konjunktiv I** (Möglichkeitsform).

Wenn die indirekte Rede durch das Wort *dass* eingeleitet wird, kann jedoch auch der Indikativ (Wirklichkeitsform) stehen.

Beispiel:

*Hans sagt, dass er traurig **ist.***

> **R 79** Wenn die **indirekte Rede** durch das Wort *dass* eingeleitet wird, kann der **Konjunktiv** oder der **Indikativ** verwendet werden.

TRIMM-DICH-RUNDE 28 (Lösung siehe Seite 106)

Setzen Sie die folgenden Äußerungen in die indirekte Rede:

Gabi sagte: »Heute muss ich meine Wäsche waschen.«
Rainer sagt: »Ab heute rauche ich nicht mehr.«

Nun wird es Zeit, Ihr Lieblingsgetränk aus dem Keller zu holen. Es gibt schließlich einen Grund zum Feiern: Sie haben 57 Stolpersteine hinter sich gebracht und einige Kniffe erfahren, wie Sie eingeschliffene Fehler vermeiden können. Ich hoffe, dass Ihnen die Lektüre trotz des trockenen Themas etwas Spaß gemacht hat, und wünsche Ihnen weiterhin alles Gute und viel Erfolg beim Umgang mit unserer Sprache!

Anhang

Lösungen zu den Trimm-dich-Runden

TRIMM-DICH-RUNDE 1

Nicht wenigen unter uns ist die deutsche Sprache eine süße Bürde. Der Last werden wir ***inne,*** *wenn wir zum Duden greifen und zum fünfzigsten* ***Mal*** *nachschlagen, wie wir uns in* ***Bezug*** *auf die Floskel »am Besten«* ***am besten*** *verhalten. Zwar können wir mit Scherzbeispielen prunken, etwa mit jenem, dass die* ***KPI-Delegierte*** *in Moskau liebe Genossen und folglich auch Liebe genossen habe; geht es aber darum,* ***orthographisch*** *ins* ***Schwarze*** *zu treffen, dann haben wir* ***teil*** *an der allgemeinen Ratlosigkeit und der Trauer darüber, dass uns von der in Regeln gefassten Vollkommenheit fürs* ***Erste*** *noch Welten trennen. Freilich, diese* ***Trübsal*** *ist auch unser Stolz, denn wer auf dieser Erde kann schon eine derart schwierige Sprache vorweisen? Höchstens die Südseeinsulaner oder die Brüder von der finnisch-ugrischen Sektion, doch deren Idiome gehören* ***gottlob*** *nicht zu den Vorrückungsfächern der internationalen Bildung.*

TRIMM-DICH-RUNDE 2

a) Da die Vokale allein und ohne Hilfe eines anderen Lautes ausgesprochen werden, bezeichnet man sie auch als Selbstlaute. Die Konsonanten nennt man auch Mitlaute, weil bei ihnen mindestens ein weiterer Laut mitklingt.

b) Der Merkvers stammt von Kaiser Friedrich III., der die Buchstabenfolge A. E. I. O. U. als Abkürzung für »Austriae est imperare orbi universo« (»Alles Erdreich ist Oesterreich untertan«) auf seinen Bauten anbringen ließ.

TRIMM-DICH-RUNDE 3

a)	T	E	E		
b)	A	R	M	E	E
c)	S	A	A	L	
d)	S	A	A	T	
e)	F	E	E		
f)	T	E	E	R	
g)	K	L	E	E	

TRIMM-DICH-RUNDE 4

a) *Haar → Härchen*
Paar → Pärchen
Boot → Bötchen

b) *Wir werden die Vor- und Nachteile abwägen.*
Der Sämann wird die Saat säen.

TRIMM-DICH-RUNDE 5

a)	S	C	H	A	L	E	
b)	S	C	H	U	L	E	
c)	S	C	H	O	N	E	R
d)	S	C	H	E	R	E	
e)	S	C	H	E	M	A	
f)	S	C	H	N	U	R	
g)	Q	U	A	D	E	R	
h)	B	E	Q	U	E	M	
i)	Q	U	A	D	R	A	T
j)	Q	U	E	R			

TRIMM-DICH-RUNDE 6

*ziemlich, Salzsole, Ma**h**nung, Name, Kur, allmä**h**lich, langsam, wä**h**rend, Schu**h**sohle, Denkmal, Ursprung, Walfisch, Gabe, Plan, U**h**r, Pol, fa**h**l, ro**h**, Na**h**rung, Schwan, sittsam, Ho**h**n, Hefe, bequem, spülen, beza**h**len, Za**h**l*

TRIMM-DICH-RUNDE 7

*Kamin, Liebe, R**ie**se, Tiger, st**ieh**lt, W**ie**se, G**ie**bel, bl**ie**b, schw**ie**rig, verz**ieh**, verr**ie**t, Familie, Kaninchen, Prise, Souvenir, Bibel, Fibel, Rad**ie**schen, Mitgl**ie**d, z**ie**mlich, Maschine,*

Linie, Fieber, alarmieren, tief, blieben, Hilfe, missglückt, finden, Dieb

TRIMM-DICH-RUNDE 8

Transport	→	*transportieren*
Adresse	→	*adressieren*
Illustration	→	*illustrieren*
Addition	→	*addieren*
Import	→	*importieren*
Diskussion	→	*diskutieren*
Kontrolle	→	*kontrollieren*
Kopie	→	*kopieren*
Programm	→	*programmieren*
Telefon	→	*telefonieren*
System	→	*systematisieren*
Korrektur	→	*korrigieren*
Apostroph	→	*apostrophieren*
Problem	→	*problematisieren*

TRIMM-DICH-RUNDE 9

wiedererkennen, wiedersehen, Widerstand, erwidern, widerlich, wiederbekommen, widerspiegeln, unwiderruflich, unwiederbringlich, hin und wieder, Wiedervereinigung, widersinnig, wiederaufnehmen, Wiedergabe

TRIMM-DICH-RUNDE 10

Lerche: Singvogel *Lärche: Nadelbaum*

TRIMM-DICH-RUNDE 11

Leutnant mit *eu*, da kein Stammwort mit *au* vorhanden	***Leuthen*** mit *eu*, da es sich um einen Eigennamen handelt (*Leuthen* ist eine schlesische Gemeinde)
Leute mit *eu*, da kein Stammwort mit *au* vorhanden	***läuten*** Stammwort mit *au* vorhanden: *laut*

TRIMM-DICH-RUNDE 12

Gruppe, bellen, fallen, hemmen, Pfeffer, Bett, Lamm, Wall, Schritt, Ritt, Robbe, Mann, kommen

TRIMM-DICH-RUNDE 13

R 21 Nach **kurzem Vokal** schreibt man ***tz.***

TRIMM-DICH-RUNDE 14

Paket, Zwieback, backen, buk, Balken, entdecken, dick, Druck, Schnecke, Traktor, Takt, nackt, Packer, Fabrik, Genick, Kautschuk, Zirkus, Sockel, Pakt, Sektor, Technik, Hektar, Geschmack;

Kreuzer, schnäuzen, Flöz, Münze, blitzen, nützen, ritzen, reizen, beizen, ankreuzen, Runzeln, hetzen, Geiz, sitzen, schützen

TRIMM-DICH-RUNDE 15

lassen, wissen, Essig, Kasse, Soße, heißen, außen, fressen, interessant, passen, passiert, Straße, Füße, Schlüssel, reißen, gießen, fließen, außerdem, messen, vergessen, Grüße, stoßen, prasseln, Gewässer

TRIMM-DICH-RUNDE 16

Lieferverzug
Es ist für mich sehr ärgerlich, **dass das** *Material, um* **das** *ich Sie dringend gebeten habe, nicht angekommen ist. Ohne Eisen kann ich keinen Stahlbeton herstellen. Doch wäre* **das** *noch nicht so schlimm.* **Dass** *aber auch* **das** *Holz nicht geliefert worden ist,* **das** *ich zum Gerüst benötige und ohne* **das** *ich nicht anfangen kann, ist mir unverständlich. In unserem Vertrag steht,* **dass** *Sie für jeden Schaden aus verzögerter Lieferung aufkommen müssen. Sie wollen es doch nicht darauf ankommen lassen.*
Ich habe Ihnen den großen Auftrag nur unter der Bedingung gegeben, **dass** *Sie rechtzeitig liefern.* **Das** *kann ich erwarten.*

Nun trifft kein Material ein, so ***dass*** *ich nicht arbeiten kann.* ***Dass*** *das so nicht weitergeht, brauche ich wohl nicht stärker zu betonen. Wie würden Sie in meiner Lage handeln? Bedenken Sie,* ***dass*** *auch andere von Ihrer Saumseligkeit erfahren. Ich kann dann Ihr Verhalten nicht mehr verschweigen, ohne* ***dass*** *ich mich selbst in ein schlechtes Licht rücke. Ich muss also darauf bestehen,* ***dass*** *Sie künftig die Lieferfristen einhalten. Schicken Sie bitte sofort* ***das*** *Holz, damit ich mit der Arbeit beginnen kann. Ich rechne fest damit.*

TRIMM-DICH-RUNDE 17

entspannen, entzünden, Endsumme, Endergebnis, entlang, Endreim, enthüllen, Endverbraucher, entblößen. Endfassung, endgültig, entdecken, entbieten, Endabrechnung, entbinden, entzwei

TRIMM-DICH-RUNDE 18

todblass, Totgeburt, scheintot, Todfeind, todsicher, sich tot stellen, Totschläger, todschick, tödlich, totmachen, todmatt, totschießen, tottreten

TRIMM-DICH-RUNDE 19

seit heute, seid pünktlich, seit dem 9. Jahrhundert. Seit Andreas zur Schule geht, muss er nachmittags seine Hausaufgaben machen. Seid nett zueinander.

TRIMM-DICH-RUNDE 20

Es fiel hinter den Schrank. Mit seinen Geschäften machte er viel Geld. Der Apfel fiel auf den Tisch. Viele Köche verderben den Brei. Es fehlte nicht viel. Sie fiel aus der Rolle.

TRIMM-DICH-RUNDE 21

R 49 Der **x-Laut** wird durch *x, chs, cks, gs* und *ks* wiedergegeben.

TRIMM-DICH-RUNDE 22

Mit der Gründung des Zweiten Deutschen Reiches am 18. Jänner 1871 durch Otto Graf von Bismarck sah man mehr denn je die Notwendigkeit, die bis dahin recht »wild gewachsene« Rechtschreibung in Deutschland durch eine behördliche Verordnung verbindlich zu regeln, um eine ungehinderte schriftliche Verständigung im neu geschaffenen Staat zu ermöglichen. Ein Jahr nach der politischen Einigung beauftragte man in einer nach Dresden einberufenen Schulkonferenz der Länder den bis 1879 als preußischen Kultusminister tätigen Rechtsgelehrten und Staatsmann Dr. Adalbert Falk, sich einer einheitlichen Rechtschreibung anzunehmen.
Falk hielt daraufhin die vom 4. bis zum 15. Jänner 1876 in Berlin andauernden »Verhandlungen der zur Herstellung größerer Einigung in der deutschen Rechtschreibung berufenen Konferenz« ab, zu denen er Teilnehmer wie Rudolf von Raumer, Konrad Duden und Wilhelm Wilmanns bereits nament-

lich vorgesehen hatte, da diese sachdienliche Erfahrung sowie Kenntnis über die Bedürfnisse in den Schulen besaßen.

TRIMM-DICH-RUNDE 23

Das Fahren mit Bus und Straßenbahn

*Das **F**ahren mit dem Bus und der Straßenbahn bereitet dem Großstädter im Allgemeinen wenig Vergnügen. Da er tagaus, tagein nie Zeit hat, macht ihn schon ein **l**ängeres **W**arten an den Haltestellen ungeduldig und reizbar. Glücklicherweise kann man meistens ruhig und bequem ein- und aussteigen. In den Hauptverkehrszeiten aber entsteht mitunter ein **r**ücksichtsloses **S**toßen, **S**chubsen und **D**rängeln. Jeder will begreiflicherweise der Gefahr des **Z**urückbleibens entgehen. Am liebsten möchte er zu Fuß nach Hause wandern, wenn er nur zeitmäßig dazu imstande wäre. Oft muss er minutenlang warten, um dann doch unverrichteter Dinge zurückzustehen, wenn die ankommenden Wagen bereits besetzt sind. Es grenzt schon fast ans **W**underbare, wenn er es zuwege bringt, angesichts der **d**rängenden Fülle wider Erwarten noch Platz zu bekommen. Das sollte eigentlich **n**ichts **B**esonderes sein, ist aber doch häufig **e**twas **U**ngewöhnliches. Man stellt sich auf alle Fälle erfahrungsgemäß kurz vor der Abfahrt der Wagen dicht an die Bürgersteigkante, darf aber die nötige Vorsicht dabei nicht außer Acht lassen.*

TRIMM-DICH-RUNDE 24

Im Delikatessgeschäft

*Wo die **S**chlesische Straße die **K**rumme Gasse kreuzt, befindet sich an der rechten Ecke in Richtung Frühlingsstraße das **n**eue **g**roße Delikatessgeschäft. Es grenzt fast ans **W**underbare, was es da alles **G**ute zu **k**aufen gibt! Da gibt es **H**olländer, **S**chweizer und **T**ilsiter Käse, **t**hüringische Wurstwaren, **B**raunschweiger Mettwurst, **F**rankfurter und **W**iener Würstchen, **M**ünchner Weißwürste; den berühmten **S**chwarzwälder Speck und **w**estfälischen Schinken bekommt man hier in besonderer Güte. Natürlich gibt es auch **p**ortugiesische Sardinen; wer **K**ieler Sprotten oder Ostseeaale haben will, findet nirgends bessere.*

*In der Weihnachtszeit ist das Schaufenster besonders reichhaltig dekoriert. Da sehen wir **N**ürnberger Lebkuchen, **K**arlsbader Oblaten, **A**achener Printen, **L**iegnitzer Bomben und **T**horner Kathrinchen. Das Haus empfiehlt auch den echten **D**resdener Stollen und **W**armbrunner Gebäck. In großen Schalen liegen **i**talienische Äpfel, **s**panische Apfelsinen und französische Trauben und Nüsse. Auf Regalen im Hintergrund stehen die Getränke: **g**riechische und **S**üdtiroler Weine, französischer Sekt und selbstverständlich auch **d**eutsche Rhein- und Moselweine, Frankenweine in Bocksbeuteln und von der Sonne verwöhnte **b**adische Weine. Hierzu mundet am **b**esten etwas ganz **B**esonderes: vielleicht **S**traßburger Gänseleberpastete, **r**ussischer Kaviar, **n**orwegischer Sild, **i**talienische Oliven oder **H**elgoländer Hummer. Wer aber nach einem schönen Braten Ausschau hält, findet in einer Kühltruhe **p**ommersche Mastgänse, tafelfertig gebratene **a**merikanische Hähnchen oder **e**nglische Puter. Die Auswahl ist also wirklich groß, so dass jeder etwas **P**assendes finden kann.*

TRIMM-DICH-RUNDE 25

Die Gründung der Stadt Aachen

Kaiser Karl der Große war ein eifriger Jäger[,] und nichts liebte er so als das edle Weidwerk, mit dem er sich von seinen schweren Staatsgeschäften zu erholen pflegte. Nun waren aber in der Gegend, wo jetzt die Stadt Aachen liegt, vor Zeiten große Eichen- und Buchenwälder, die in ihrer Abwechslung mit dichten Tannen- und Fichtenwäldern, Sümpfen und Heidestrecken treffliche Verstecke für Wild- und Raubtiere aller Art abgaben. Es darf also nicht wundernehmen, wenn der Kaiser, sobald er in diese Gegend kam, gerade hier am meisten mit seinem Gefolge jagte. Auf einer dieser Jagden hatte er sich jedoch bei der Verfolgung eines Hirsches allzu weit von seinen Begleitern entfernt und kam so, im Walde herumirrend, zu einem in Trümmern liegenden alten Schlosse. Als er jedoch dasselbe näher in Augenschein nehmen wollte, versank plötzlich sein Ross mit den Vorderfüßen in einem Morast. Der Kaiser stieg vom Pferde herab, um es herauszuziehen, und sah an der Stelle, wo dasselbe die Erde durchbrochen hatte, heiße Dämpfe und gleich darauf einen Wasserstrahl aus dem Boden aufspritzen. Der fromme Kaiser sank auf die Erde und dankte Gott in seinem Gebete für diese Entdeckung, denn er erkannte sofort, dass er eine heilbringende Quelle entdeckt habe. Er gelobte gleichzeitig, der Jungfrau Maria hier einen Tempel zu errichten und sich aus dem alten Schlosse ein Jagdschloss und eine Pfalz bauen zu lassen. Das war die erste Entstehung des Kaiserpalastes zu Aachen und der Liebfrauenkirche.

Joseph Müller

TRIMM-DICH-RUNDE 26

Sie hat ***anscheinend*** *den Termin vergessen, da sie nicht gekommen ist. Die Sonne dreht sich* ***scheinbar*** *um die Erde. Du hast sie* ***anscheinend*** *vergessen.*

TRIMM-DICH-RUNDE 27

Er ist größer ***als*** *Christian, aber so groß* ***wie*** *Emil. Manfred hat mehr Briefmarken* ***als*** *ich. Er ist so schlau* ***wie*** *Karin. Es schmeckt besser* ***als*** *zu Hause.*

TRIMM-DICH-RUNDE 28

Gabi sagte, sie ***müsse*** *heute ihre Wäsche waschen.*
oder: *Gabi sagte,* ***dass*** *sie heute ihre Wäsche waschen* ***muss.***
oder: *Gabi sagte,* ***dass*** *sie heute ihre Wäsche waschen* ***müsse.***

Rainer sagt, er ***rauche*** *ab heute nicht mehr.*
oder: *Rainer sagt,* ***dass*** *er ab heute nicht mehr* ***rauche.***
oder: *Rainer sagt,* ***dass*** *er ab heute nicht mehr* ***raucht.***

Quellennachweis

Abdruckgenehmigung wurde für folgende Textstellen freundlicherweise von den betreffenden Verlagen erteilt:

1 (Zitat Seite 13): *Süddeutsche Zeitung* vom 27. 07. 1982, *Streiflicht*

2 (Zitat Seite 51): Ehehalt, Ernst/Krempin, Axel M.: *Deutsch auf fröhliche Art,* 66. Auflage 1991, Seite 19 »Aus einem Brief: Lieferverzug«, Verlag Dr. Max Gehlen, Bad Homburg

3 (Zitat Seite 64f.): Poschenrieder, Thorwald/Stang, Christian: *Gutachten zu ausgewählten Bereichen des Rechtschreib-Erneuerungsentwurfes »Deutsche Rechtschreibung – Vorschläge zu ihrer Neuregelung, herausgegeben vom Internationalen Arbeitskreis für Orthographie, Tübingen 1992« mit einem Ergänzungsvorschlag zur Regelung der Besonderheiten der deutschen Schriften,* Verlag Bund für deutsche Schrift und Sprache, Hannover 1993

4 (Zitat Seite 67): Neis, Edgar: *Moderne deutsche Diktatstoffe,* C. Bange Verlag, Hollfeld 1986

5 (Zitat Seite 72f.): Neis, Edgar: *Moderne deutsche Diktatstoffe,* C. Bange Verlag, Hollfeld 1986

6 (Zitat Seite 82f.): Müller, Joseph: Die Gründung der Stadt Aachen; aus: Neis, Edgar: *Moderne deutsche Diktatstoffe,* C. Bange Verlag, Hollfeld 1986

Register

Die Zahlen hinter den Stichwörtern verweisen jeweils auf die STOLPERSTEINE, in denen der betreffende Begriff erläutert wird.

Weitere Bücher von Christian Stang:

Christian Stang

Teste deine Allgemeinbildung: Neue Rechtschreibung und Zeichensetzung

Geeignet für Einstellungstests

- Testaufgaben mit Lösungen und Erläuterungen
- Nach aktuellen amtlichen Regeln und Schulgebrauch

ISBN 3-89994-979-X
7,90 EUR (D) / 8,20 EUR (A) / 14,20 CHF

Christian Stang

Zeichensetzung – kurz und bündig

»(...) Das Lehrwerk ist, wie man von diesem Autor gewohnt ist, didaktisch klar und übersichtlich aufbereitet.«
Aus: *Der Sprachdienst 2–3/05*

ISBN 3-89994-019-9
7,90 EUR (D) / 8,20 EUR (A) / 14,60 CHF